高等土力学

主　编　徐学燕
副主编　邱明国

哈尔滨工业大学出版社

内容简介

全书共分5章:岩土的物理化学性质,黏性土与无黏性土的应力-应变特性,土的弹塑性模型,低温条件下土的应力-应变特性,土的渗透性与渗流计算等。全书力求用通顺易懂的语言、深入浅出的叙述反映近代土力学国内、外的最新成果,为各类土木结构的基础工程沉降计算与稳定计算提供基础理论知识。

本书可作为高等院校岩土工程研究生及土木、交通等建筑专业学生教学用书以及有关科研、工程技术人员参考用书。

图书在版编目(CIP)数据

高等土力学/徐学燕主编. —哈尔滨:哈尔滨工业大学出版社,2008.5
ISBN 978-7-5603-2664-1

Ⅰ.高… Ⅱ.徐… Ⅲ.土力学-研究生-教材 Ⅳ.TU43

中国版本图书馆 CIP 数据核字(2008)第 028693 号

策划编辑	郝庆多
责任编辑	张 瑞
封面设计	卞秉利
出版发行	哈尔滨工业大学出版社
社　　址	哈尔滨市南岗区复华四道街10号 邮编150006
传　　真	0451-86414749
网　　址	http://hitpress.hit.edu.cn
印　　刷	黑龙江省地质测绘印制中心印刷厂
开　　本	787mm×1092mm 1/16 印张8 字数200千字
版　　次	2008年9月第1版 2008年9月第1次印刷
印　　数	1~3 000册
书　　号	ISBN 978-7-5603-2664-1
定　　价	19.00元

(如因印装质量问题影响阅读,我社负责调换)

前　言

原高等土力学讲义已使用多年，根据多届硕士研究生使用情况，结合我们的教学体会与近年来科研项目的研究成果，对该讲义进行了全面的修改，在哈尔滨工业大学出版社的帮助下，完成了此书。

本书力图用简练易懂的文字反映近代土力学国内外的新成果，以求硕士研究生知识的深广度在本科的基础上能有所提高。鉴于公路、铁路、电网杆塔、输油管道、工业民用建筑、水利设施在季节冻土区及多年冻土区快速建设，为适应该建设形式需求，结合哈尔滨工业大学长期从事低温条件下岩土的研究工作，本书对低温条件下土的应力变形特性给予加强，增加了叙述该方面内容的章节，这是与其他同类教材不同之处，仅供教学中参考。

本书由哈尔滨工业大学岩土与地下工程教研室徐学燕教授任主编，邱明国副教授任副主编。编写分工为：哈尔滨工业大学胡庆立副教授编写第1章；燕山大学李海山博士编写第2章；哈尔滨工业大学徐学燕教授编写第3章；哈尔滨工业大学邱明国副教授编写第4、5章。硕士研究生李孝臣、陶传迁热心地参加了许多工作，在此深表谢意。

限于编者水平，书中疏漏与不足之处在所难免，恳请批评指正。

作者
2008年6月

目 录

第1章 岩土的物理化学性质 ·· 1
  1.1 黏土矿物颗粒的结晶结构和基本特性 ··· 1
  1.2 土的结构和构造 ·· 6
  1.3 岩土工程化学及土工合成材料概论 ·· 9

第2章 黏性土与无黏性土的应力–应变特性 ·· 14
  2.1 应力路径 ··· 14
  2.2 土体的压缩性 ·· 20
  2.3 无黏性土的应力–应变特性 ··· 33

第3章 土的弹塑性模型 ·· 39
  3.1 土中一点的应力应变状态及表达方法 ··· 39
  3.2 土的屈服破坏准则 ·· 43
  3.3 硬化规律与流动法则 ·· 50
  3.4 弹塑性模型简介 ·· 52

第4章 低温条件下土的应力–应变特性 ··· 63
  4.1 温度升降过程中土体的冻胀与融化 ·· 63
  4.2 土体冻胀的影响因素 ·· 68
  4.3 冻土的力学特性 ·· 72
  4.4 冻土地基的附加应力和法向冻胀应力 ·· 79
  4.5 冻结土体融化过程中的变形量 ·· 83

第5章 土的渗透性与渗流计算 ·· 90
  5.1 土的渗透性 ··· 90
  5.2 流网及其应用 ·· 100
  5.3 基坑排水的计算 ·· 107

附录A ··· 117

参考文献 ··· 120

第1章 岩土的物理化学性质

土是由矿物和岩石碎屑构成的松软集合体,是岩石长期风化的产物,一般是由固相、液相和气相三相组成。固相是指土体的固体颗粒部分,包括岩石风化产物和生物残骸分解后形成的物质,具有多种矿物成分,骨架间的空隙为液相和气相所填充。土中空隙大部分是相互连通的,形成多孔介质。液相主要是指水及其溶解的少量可溶盐类。气相主要是指空气、水蒸气,有时还有沼气等。土中三相物质的含量比例不同,其形态和性状也就不同。土是自然堆积而形成的,固体颗粒间的联结很弱,因此,其强度较其他固体材料要低得多,且极易随外界环境(湿度、温度)的改变而变化。由于土的成因类型、形成历史不同,其性质及性状极其复杂、多变。为了对土的复杂多变特性的形成原因和作用机理有一基本的了解,本章拟从土质学的角度出发,考虑土的成因、成分及微观结构、矿物成分、土颗粒的带电性、土的组成、组织结构与构造、土体结构性的定量化参数、土的物理化学性质以及岩土工程化学等诸方面影响对土的性质做一简单的探讨,并简要介绍土质改良的一些措施。

1.1 黏土矿物颗粒的结晶结构和基本特性

1.1.1 土质学与土力学的相互关系

土质学属地质学的一个分支,它从土的成因及成分出发,研究土的基本工程性质及影响因素、土质变化的本质原因,并以此为基础进一步研究荷载、温度、水等作用下土成分与性质的变化规律以及土性有效改良措施的一门学科。

土力学是工程力学的分支,以太沙基的著作《SOIL MECHANICS》(土力学)为标志,在1925年成为独立的学科。土力学将土视为物理-力学系统,根据土的应力-应变-强度关系提出力学计算模型,并以弹塑计算力学为工具求解土在荷载、温度及水作用下的应力、应变以及土压力、地基承载力、土坡稳定等问题。

土质学与土力学的研究内容、学科体系各有特点,同时又密切相关、相互渗透、相互结合。土力学常常利用土质学中土的成因、成分及微观结构等知识来进一步说明土力学现象的本质,并与土的本构关系研究结合起来,以便更好地解决实际工程中有关土力学的问题。

1.1.2 原生矿物与次生矿物

岩石在各种风化作用下形成的大小不同的颗粒经过搬运、沉积作用形成土,风化作用包括物理风化、化学风化、生物风化等形式。该过程也决定了土一般由固相、液相、气相三相组成。研究证明,黏土的固相,特别是矿物成分在很大程度上决定了土的物理力学性质。固相中的矿物成分包括原生矿物和次生矿物。

1. 原生矿物

物理风化是物理作用使岩石从大的块体分裂为小的块体以及像砂粒大小的土粒的过程,其效果仅仅是使岩(土)由粗变细,由大变小,化学成分与母岩相同,并未改变。粗颗粒的土(碎石、卵石等)及较细颗粒土中(粉土、砂土)的大部分矿物都是原生矿物。这类矿物的化学性质稳定或较稳定,具有较强的抗水性或抗风化能力,亲水性较弱,对土的性质的影响主要由矿物颗粒大小、组成、矿物类型、颗粒形状、表面特征、硬度等因素决定。

2. 次生矿物

岩屑经化学反应变为成分与母岩不同的新矿物,颗粒较细,称为次生矿物。根据在水中的溶解程度,可将次生矿物划分为可溶的次生矿物和不可溶的次生矿物两类。可溶次生矿物主要指各种矿物中化学性质活泼的 K,Na,Ca,Mg 及 Cl,S 等元素,这些元素呈阳离子及酸根离子状态。溶于水后,在迁移过程中,因蒸发浓缩作用形成可溶的卤化物、硫酸盐和碳酸盐。不可溶的次生矿物有次生二氧化硅、倍半氧化物、黏土矿物等。黏土矿物包括高岭石、蒙脱石和伊利石(水云母),这三种矿物成分对细颗粒黏土的物理性质及力学性质起着显著的作用,决定着黏土的可塑性、强度、变形等工程性质。

3. 黏土矿物的晶体结构

黏土矿物的微观结构由两种原子层(晶片)构成:一种是由 Si-O 四面体构成的硅氧晶片,如图 1.1 所示;另一种是由 Al-OH 八面体构成的铝氢氧晶片,如图 1.2 所示。自然界中,四面体、八面体不是单独存在而是成层状排列的,六个四面体在一个平面上排列起来,以相邻的氧原子为公共结点,在平面上构成六边形网络,称为四面体层(即硅氧晶片),如图 1.3 所示;八面体也是连成一片的,其交接处的原子也为相邻单元所共用,称为八面体层(铝氢氧晶片),如图 1.4 所示。

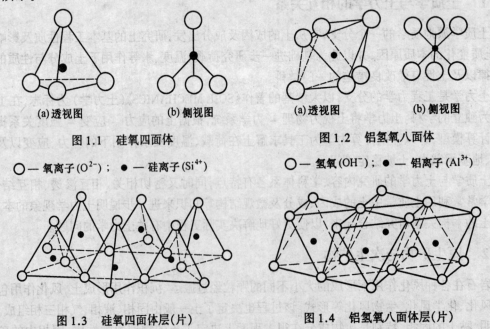

图 1.1　硅氧四面体　　　　　　　　图 1.2　铝氢氧八面体

○—氧离子(O^{2-}); ●—硅离子(Si^{4+})　　　○—氢氧(OH^-); ●—铝离子(Al^{3+})

图 1.3　硅氧四面体层(片)　　　　　图 1.4　铝氢氧八面体层(片)

4. 黏土矿物的类型

为叙述方便,常用一个梯形符号表示硅氧四面体层(硅片),用一个矩形符号表示铝氢氧八面体层(铝片),硅片与铝片以不同的形式结合便形成了各种不同的黏土矿物,其中最有代表性的有:高岭石、蒙脱石和伊利石三种类型。

高岭石类矿物等组成如图 1.5(a) 所示,常产生于酸性环境中,为花岗岩风化后的产物,其分子式为 $Al_4Si_4O_{10}(OH)_8$。高岭石的命名来源于我国江西浮梁的高岭山,因在那里最早发现了高岭石矿物而命名。与其类似的还有多水高岭石,其晶胞间有水分子进入,呈结晶水状态,分子式为 $Al_4Si_4O_{10}(OH)_8 \cdot 4H_2O$。高岭石的结构单元为一层硅片和一层铝片组成的一个晶胞,称为 1:1 晶格;晶胞间的联结是氧原子与氢氧基间形成的氢键,联结力很强,致使晶格不能自由活动,水分子很难进入晶胞之间。因此,具有良好的工程性质,如水稳定性好、可塑性低、压缩性低、亲水性差。多水高岭石属高岭石组矿物中的一种,在各片之间含有结晶水,此种矿物是圆杆状或扁平的棒状,含此种矿物的土层或岩层,水侵入后其棒状矿物将起滚珠轴承作用,使各片产生相对滑动,相对变形增大。

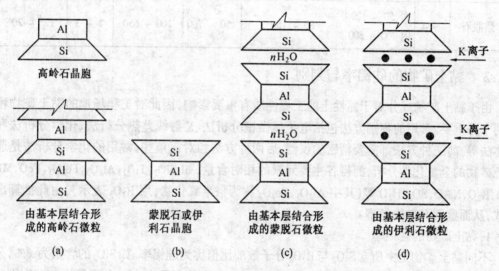

图 1.5 高岭石、蒙脱石及伊利石的组成示意图

蒙脱石分子式为 $Al_2Si_4O_{10}(OH)_2 \cdot nH_2O$,其组成如图 1.5(b) 所示,常由火山灰、玄武岩在碱性和排水不良的环境中风化而成。其晶胞的基本结构是两硅片中间夹一铝片,为 2:1 晶格。由于晶胞的上下两面都是氧原子,故晶胞间的联结很弱,水分子极易进入晶胞之间而改变晶胞间的距离。因此,蒙脱石吸水后强烈膨胀,体积可增大数倍,是很多工程地质问题的起因。蒙脱石矿物呈灰白色、青色,具有高塑性、高压缩性、低强度、低渗透性的特点。工程中,当蒙脱石含量达到 5% 以上时,土体就会有显著的胀缩性。

伊利石又称水云母,分子式为 $KAl_2(AlSi_3O_{10}) \cdot (OH)_2 \cdot H_2O$,其组成如图 1.5(d) 所示,是云母类水化物黏土矿物的统称,其结构单元类似于蒙脱石的 2:1 三层结构,只是其硅片中的 Si 原子约有 20% 被 Al 所替换。伊利石与蒙脱石的最大区别是伊利石晶胞间的结合不是范德华键力,而是由钾离子或钠离子形成类似共价键的联结力,故其联结力介于高岭石和蒙脱石之间,工程特性也介于二者之间,是较不稳定的中间产物。

除上述三种最常见的黏土矿物外,还有绿泥石和水铝英石。绿泥石由三层结构中间再夹一层铝氢氧八面体连接起来,属 2:1:1 型的层状结构,分子式为 $Mg_6[AlSi_3O_{10}](OH)_8 \cdot n(H_2O)$,一般由变质岩风化而来,性质类似伊利石。除上述层状结构外,还有链状结构的黏土矿物,它们是碱性环境中的风化产物,但不多见。水铝英石属非晶质矿物,多为四面体和八面体无规律排列组成的矿物,通常同多水高岭石伴生,由火山灰在良好的排水条件下风化而成。

各种不同类型的黏土矿物的工程性质差异显著,表 1.1 所列指标可清楚地说明这个问题,同样的黏粒含量,塑性指数以蒙脱石最高,伊利石次之,高岭石最低;蒙脱石的渗透系数最小,高岭石的渗透系数最大;蒙脱石的层间联结最弱、抗剪强度最低。

表 1.1 不同黏土矿物的特性数据

矿物名称	硅铝率	比表面积 /($m^2 \cdot g^{-1}$)	离子交换量 /($mmoL \cdot 100\ g^{-1}$)	液限 W_L	塑性指数 I_p	压缩指数	有效内摩擦角
高岭石	2	10 ~ 20	3 ~ 15	50	20	0.2	20°~ 30°
伊利石	2 ~ 4	65 ~ 100	10 ~ 40	100 ~ 120	50 ~ 65	0.6 ~ 1	20°~ 25°
蒙脱石	> 4	外 50 ~ 120 内 700 ~ 800	80 ~ 150	150 ~ 700	100 ~ 650	1 ~ 3	12°~ 20°

1.1.3 黏土矿物的硅铝率与判别

由于黏土矿物成分对于黏性土的工程性质有重要影响,因此对工程场地的黏土矿物种类鉴别十分重要。常用的判别方法包括电子显微镜分析法、X 射线差热分析法、化学分析法和染色体法等。前三种方法都需要精密的仪器,后两种方法相对简单些。常用的化学分析法是通过黏土矿物的全量化学分析,测得各主要元素的相对含量,如 SiO_2,TiO_2,Al_2O_3,Fe_2O_3,FeO,MnO,CaO,K_2O,Na_2O,SO_3,H_2O 等(其中 Al_2O_3,Fe_2O_3 称为倍半氧化物,用 R_2O_3 表示),由此推算出分子式,从而鉴别其矿物类型。

1. 黏土矿物的硅铝率

不同黏土矿物土中所含 SiO_2 与 R_2O_3 分子数的比值称为硅铝率。如 SiO_2 的含量为 $x\%$,分子量为 60.06;Al_2O_3 的含量为 $y\%$,分子量为 101.94;Fe_2O_3 的含量为 $z\%$,分子量为 165.7,则硅铝率 K 为

$$K = \frac{\dfrac{x}{60.06}}{\dfrac{y}{101.94} + \dfrac{z}{165.7}} \tag{1.1}$$

从黏土矿物的结构单元可知,蒙脱石是 2∶1 晶格,而高岭石是 1∶1 晶格,蒙脱石的 SiO_2 含量比高岭石高,故其硅铝率比高岭石高得多;伊利石虽然也是 2∶1 晶格,但由于硅片中的部分硅被铝所替代,其 SiO_2 相对含量比蒙脱石低,因此硅铝率介于蒙脱石与高岭石之间。一般情况下,高岭石硅铝率 $K = 2$,蒙脱石硅铝率 $K > 4$,伊利石硅铝率 $K = 2 \sim 4$,由硅铝率的大小可粗略地判别黏土矿物的类型。

2. 黏土矿物的比表面积

对于黏性土来讲,不仅黏土矿物的类型对土的性质有着重要的影响,而且由于黏土矿物颗粒表面具有和水相互作用的能力,黏土矿物表面与水相接触的范围即其表面积对土的工程性质也有重要影响,表面积越大,这种能力越强。通常用比表面积来表征土的表面积的大小,即单位质量(或体积)的黏土矿物颗粒所具有的表面积,如按单位质量计,则其单位为 m^2/g。各种黏

土矿物由于分散度及晶格构造特征不同,表面积具有明显的差别。蒙脱石类矿物的晶胞间连接力很弱,不仅具有外表面,同时还具有巨大的内表面。土中常见黏土矿物的比表面积见表1.1。

1.1.4 黏土矿物及其与水的相互作用

1. 黏土颗粒的带电性

列依斯(Reuss)在1807年通过试验证明黏土颗粒是带负电荷的。试验方法及装置如图1.6所示,在潮湿的黏土中插入两根玻璃管,在玻璃管内撒上一层洁净的砂土,注入清水到同样的高度,在清水中插入电极,通以直流电。经过一段时间后发现,正极玻璃管内的水慢慢变浑浊且水位逐渐下降,这说明带负电的黏土颗粒在电场力作用下移向阳极,称为电泳;负极水清澈透明但水位升高,是含有的阳离子(K^+,Na^+,Ca^{2+},Mg^{2+}等)与极性水分子一起向负极移动的结果,这种现象称为电渗。电泳和电渗是同时发生的,统称为黏性土的电动现象。黏性土中的孔隙大部分被结合水所填充,堵塞了自由水渗透的通道,因而透水性差,使黏性土中排水疏干十分困难。利用电渗现象,采取电渗排水的措施可有效地疏干地下水、减少土的含水量、改善土的工程性质。但是,电渗加固耗电量大,费用较高,一般只用于既有建筑物的加固。

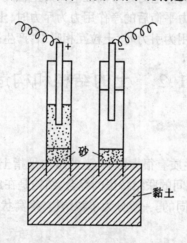

图1.6 电动现象

黏土颗粒带电荷的多少用土粒表面与零电位的电位差表示,称为热力电位。土粒周围所形成的电场,离土粒表面越远电位越低。在最靠近土粒表面的地方,静电引力最强,把水化阳离子和极性水分子紧紧地吸附在土粒表面,形成吸附层(强结合水)。在吸附层以外,静电引力已比较小,水化阳离子和极性水分子排列的不那么紧密,活动性也比吸附层大些,此层为扩散层(弱结合水)。吸附层与扩散层间的电位差称为电动电位,其值取决于土粒表面离子与固定层中的反离子总数的差,是电动现象产生的主要原因。

2. 离子交换

扩散层中的阳离子与介质溶液中的其他阳离子进行交换的现象叫做离子交换。

离子交换能力是指一定条件下100 g干土中含有的可置换离子的物质的量,以摩尔当量每100 g表示,三种主要黏土矿物的离子交换量见表1.1。土的离子交换能力越强,土的工程性质随介质物理化学条件变化而变化的程度就越强。离子交换能力取决于矿物成分、土粒大小及分散程度、交换离子的成分及浓度等因素。

(1) 矿物成分

原生矿物交换量极小，矿物亲水性越强，交换能力越大。

(2) 土粒大小与分散程度

土颗粒越小、越分散，交换量就越高；结构越紧密，交换量越小。

(3) 溶液中交换离子的属性与浓度

浓度越大交换能力越强。同样浓度时，阳离子的交换能力主要与离子价数、离子大小及浓度相关。土中常见离子交换能力排序为

$$Fe^{3+} > Al^{3+} > H^+ > Ba^{2+} > Ca^{2+} > Mg^{2+} > K^+ > Li^+ > Na^+ \qquad (1.2)$$

工程中，常在黏土中掺加石灰来改善黏土的性质，实际上就是利用了 Ca^{2+} 的交换作用，通过交换黏土地基中的低价阳离子使扩散层变薄，从而使黏土粒相互靠拢、挤密，提高地基强度，降低压缩性。可见，离子交换原理具有重要的实用价值。

3. 黏土颗粒间的相互作用力

两个带负电荷的土粒之间同时存在范德华力和静电力。范德华力是土粒间相互吸引的力，引力随土粒间距的增大而衰减；静电力是带同性电荷的土粒间相互排斥的力，斥力随土粒间距离的增大而衰减。当引力和斥力平衡后的净作用力为斥力时，土粒互相排斥，处于分散状态，形成的结构为平衡结构；当净作用为引力时，土粒互相吸引，产生凝聚，形成絮状结构。

1.2 土的结构和构造

1.2.1 土的结构

土的结构与构造对土的性质有很大影响。土的结构是指土的物质组成（主要指土粒，也包括孔隙）的空间排列以及土粒间的联结特征的综合。结构是在成土过程中逐渐形成的，不同成因年代的土，其结构特征是不同的。一般分为单粒结构、蜂窝状结构、絮状结构和分散结构等类型。

1. 单粒结构

这是无黏性土的结构特征，其特点是由于颗粒较大，土粒间的分子吸引力相对很小，土体极性极小，土粒间没有连接存在。按土粒间的相互排列的紧密程度，可以将其分为疏松和紧密两种状态。疏松状态的单粒结构在荷载作用下会趋向紧密，从而导致土体产生很大的变形，因此，这种土层未经处理一般不宜用作建筑物地基。密实状态的单粒结构在剪应力作用下产生剪胀，使结构变松。单粒结构的紧密程度取决于矿物成分、颗粒形状、均匀程度、沉积条件等，片状矿物组成的砂土最为疏松；浑圆的颗粒组成的砂土比带有棱角的颗粒组成的砂土紧密，土粒越不均匀，结构越紧密，土的沉积速度越快，土的结构密实状态越小。

2. 蜂窝状结构

这是粒径在 0.02 ~ 0.002 mm 左右粉粒组成的土粒的结构形式。当土粒在水中沉积时，基本是单个土粒下沉，在下沉途中碰上已沉积的土粒时，如土粒间的引力对自重而言已足够大，则此土粒就停留在最初的接触点上而不再下沉，形成很大孔隙的蜂窝状结构。

3. 絮状结构

这是黏土颗粒特有的结构形式。悬浮在水中的黏粒当水溶液中介质发生变化时（例如河流

入海时),因海水的钠离子浓度比较大,扩散层厚度减薄,黏粒互相聚合,以面 – 边或面 – 角的接触方式形成絮状物下沉。因而絮状结构具有较大的孔隙率,对扰动比较敏感,性质比较均匀。试验证明,此时黏土颗粒大多成板状或台阶状,在板面上带负电,角和棱边带正电。在淡水中沉积时,由于扩散厚度较厚,黏土颗粒间联结很弱,呈平行结构,形成面对面片状堆积,称为分散结构。分散结构密度较大,具有各向异性的特性。

4. 分散结构

分散结构是指经分选的砂、碎石有较大的埋藏深度,无明显层次。结核状构造是在细粒土中有明显的大颗粒或聚集的结核。

自然界中土体在外界条件(如荷载、温度、湿度或介质条件)发生变化时其结构会发生变化。保持天然含水量但天然结构被破坏的重塑土的强度比原状土的强度低,其比值可作为反映土的结构性对强度影响的强、弱程度,常用灵敏度 S_t 来表示,即

$$S_t = \frac{q_u}{q'_u} \tag{1.3}$$

式中　q'_u——重塑土无侧限抗压强度;
　　　q_u——原状土无侧限抗压强度。

S_t 越大,表示结构性对强度的影响越大。土的结构被扰动后,强度降低,压缩性增大,因此在取土试验或施工过程中都必须尽量减少扰动,避免破坏土的原状结构,以保护土体抗力的实际状态。

对土体结构性的研究,不仅包括土粒的排列分布、联结,还包括对土孔隙的研究(如孔隙大小、形状及分布等)。土体孔隙的大小及形状对土的强度、压缩性及透水性也是一个重要和不可忽视的因素。孔隙比越大,在荷载作用下孔隙体积改变越大,压缩性越大。

1.2.2　土的构造

土的构造是指土粒间的相对位置与填充空间的特征,亦指不同土层间相互位置的特征。认清构造在土中的变化程度,鉴定特殊构造要素(层理、结合体、裂隙)的特点是构造研究的基本内容。层理构造是土体在搬运、沉积过程中成层堆积而形成的,不同沉积时间,其组成土层的矿物成分、颗粒级配各不相同。由于搬运、沉积的不定期性,搬运能量的不稳定性,每次堆积的物质不同,因此该成层是不规则交错,有时形成砂土中夹黏土层的夹层,某一夹层沿水平方向逐渐减薄的尖灭层或透镜体。

同时,应充分注意地层的层理构造及裂隙。层理构造是指土体成层状分布,因而判断土层中是否有软弱下卧层,尤其是不均匀的软弱层十分重要,以便采取切实可行的工程措施,避免危害。而土的裂隙构造是土体被许多细小的裂隙所分割,破坏土的整体性,影响土体强度、边坡稳定、压缩性,作为建筑物地基时主要应注意它的胀缩性,如我国西北的黄土(垂直裂隙),干燥时强度很高,可形成很深的垂直边坡,但在浸水时,强度丧失,压缩增加,具有"湿陷"的特性。

1.2.3　土的结构性及定量化参数

土的结构性是决定各类型土的力学特性的一个最根本的内在因素。它应与土的粒度、密度和湿度一起,成为土变形、强度等力学特性变化的依据。因此,反映土的结构性的定量化参数应能全面反映土颗粒的排列特征和联结特征的同时,还应该反映土的变形、强度的特性变化,并

建立它们之间的关系。

1. 土体的自身结构使其具备抵抗荷载的能力

在加荷过程中,该指标能反映初始结构性破坏和次生结构性的耦合变化。当作用力未达到初始的联结强度时,土体变形很小,应力与应变之间表现为线性关系;当作用力达到结构强度时,土的初始结构被大部分破坏,外荷的微小增量会引起变形的非线性较大增长;当外荷超过土的结构强度而继续加大时,随着变形的增加,被破坏的土结构又会逐渐达到新的稳定,形成次生结构,并且在次生结构形成的强度增长不足以抵抗外荷应力增长的速度时出现土的最终破坏,这个过程是结构性参数应该表达的。

土的结构性受到土固相颗粒的成分、大小、形状、分布、粗糙度与黏聚程度的影响,受到土骨架排列的定向性、均匀性和稳定性的影响,它与土孔隙的大小、分布、密集度、连通率与含水率有关,也与微裂隙的分布、走向、密度及连通率有关,是其在搬运、沉积过程中的生成条件与环境而决定的客观状态。

由于它是一种复杂的客观存在,那么研究土结构性最好的方法是使土的结构性破坏,让它的结构势充分表现出来。使土的结构性发生变化或破坏的根本途径是扰动、加荷和浸水。扰动能够破坏土的联结作用,使土颗粒间的联结强度降低;加荷能改变土颗粒的排列方式,孔隙体积减小,从而改变土颗粒的联结特征;浸水可使土中溶于水的盐类结晶、溶解,吸力联结丧失(例如湿陷土),水膜楔入土粒孔隙之中,使土所固有的胀缩势释放出来。

2. 结构性参数指标的确定

目前,国内学者根据土力学中黏性土的灵敏度是利用扰动的手段显示出土的结构性,黄土的湿陷系数和膨胀土的自由膨胀率等是用加水手段显示出土的结构性的方法。将以上两种扰动和加水的方法同时使土的结构性破坏,在土工试验中,经过扰动后破坏结构性的土样为重塑土样,加水后破坏土结构的土样为浸水饱和土样,保持初始结构性与含水量的土样为原状土样,将这三个土样分别在荷载作用下进行压缩试验,得出三条压缩曲线,即可用下述公式得到土的结构性参数 m_p,即

$$m_p = \frac{m_1}{m_2} = \frac{\dfrac{S_c}{S_o}}{\dfrac{S_o}{S_r}} = \frac{S_r \cdot S_c}{S_o^2} \tag{1.4}$$

式中 S_o,S_s 和 S_r——分别为原状样、饱和样和重塑样在某一压力 P 作用下的变形量(或应变量)。

从式(1.4)可以看出,土的联结能力越强,扰动重塑样的强度损失越大,在力作用下发生的变形也越大,则 m_2 越小;土的排列越不稳定,浸水后在力的作用下结构破坏越大,发生的变形也越大,则 m_1 越大。用一个越小的值 m_2 去除一个越大的值 m_1 来表示土的结构性参数 m_p 将具有较好的敏感性。因此,m_p 的大小可以反映土样结构性的强弱。

例如,对于结构性灵敏的黏性土,因其湿度一般较高,其对浸水的反映一般 $m_1 \approx 1$,此时,$m_p \approx \dfrac{S_r}{S_o}$,与灵敏度概念相似,只是它用变形比替代了原来的强度比,所以,此结构性参数可以反映黏性土的灵敏度;对于低含水量的自重湿陷性黄土,当结构强度越大(m_2 越小),土骨架孔隙所占的比例越大(m_1 越大),则结构性参数 m_p 就越大,从而表现出湿陷性黄土可溶盐溶于

水,土骨架塌落引起湿陷的现象。这样,结构性参数 m_p 可以很好地反映湿陷性。

土结构性参数的 m_p 下标 p 表示土的结构性在产生变形的过程中应力 p 的大小是变化的,在荷载动态变化过程中,三个土样的变形随之变化,所以该参数可以反映土初始结构性与次生结构性耦合变化过程中的动态变化。

土的结构性参数 m_p 可以用常规的压缩试验方法确定,简单易行。在各因素变化时,该指标反映黏性土的结构性较灵敏,因而便于在工程中推广应用,但它对于无黏性土不适用。

结构性参数随研究的具体问题不同而定义不同。当研究黄土场地在地震作用下产生突然附加沉降即震陷时,电镜图像显示黄土震陷的强弱是由于不同胶结程度颗粒受地震荷载作用下的崩散难易程度和孔隙的填充程度所决定。以粉粒组成的集粒为主的架空结构动力稳定性较好,因此,黄土震陷与土体架空孔隙面积、粒状、凝块和镶嵌有关。根据其不同结构可分为:高震陷结构、中震陷结构、低震陷结构和微弱震陷结构,其划分标准为震陷系数与微观特征参数,震陷系数分别为:12%~6%,6%~3%,3%~1%及1%以下,微观特征参数划分为:11~7,7~5,5~4及4以下。此时结构性参数的评定指标为震陷系数与电镜微观特征参数。因此,结构性参数的定义要根据不同土质,研究的不同目的,具体问题具体分析。

1.3 岩土工程化学及土工合成材料概论

众所周知,散粒状低抗力的碎石、中粗砂加入适量的水泥和水,水泥与水作用后水化,生成硅酸二钙、硅酸三钙、铝酸三钙、铁铝酸四钙等凝胶体,经适当的工艺处理(振捣、密实、成型)后将其变成抗力比散粒状的原土(碎石、砂)高百倍的人工铸石,称为混凝土。其他的土与碎石、砂类似,也是一种散粒状材料,所以抗力低,主要原因是组成土的各颗粒间联结作用弱所致。如果有可能,在土体当中掺入某些胶结料(如水泥浆、水泥粉、粉煤灰或生石灰)拌和后固化、挤密,使其像碎石、沙子与混凝土那样,与土产生适当的化学反应并固化,从而增加各土颗粒间的联结强度,则土的抗力就会大幅度提高。即将低抗力的岩土通过适当的掺加剂,发生胶结、凝固、化学反应后,改良为高抗力的土体,这就是一门新兴的边缘学科——岩土工程化学。

岩土工程化学是以岩土体作为研究对象,将化学、地质学、材料学、岩石力学、土力学、基础工程学及环境工程学的研究方法相结合,研究岩体和土体性能的利用、整治和改造等综合性的技术学科,如岩土的化学改良和改性、加固与防渗、化学检查与勘测以及岩土工程中的其他化学工程问题等。

1.3.1 岩土工程化学的作用

岩土工程化学的核心问题是岩土的原位变性、改良和加固,因此其主要的特征是原位化学反应过程及其对岩体或土体改良作用的机理。岩土工程化学所涉及的化学反应过程大都是在原位土体上进行的,因而可称其为土体的原位化学反应。这些反应过程主要包括以下几方面。

1. 电动化学作用

土粒表面遇到外来的浆液后,浆液与土粒间发生各种形式的物理、化学反应,在土粒表面产生化学作用;某些具有高渗透性能的低黏度化学浆液,由于其对岩土介质具有极强的亲和性,在渗透过程中通过浆液-介质-水之间的界面作用产生吸渗压力,能够自动渗入黏土中,达到一般压力渗透灌浆无法达到的效果,化学浆液的这一现象称为自动吸渗机制。同时由于浆液的介电常数比水小得多,浆液的渗入,参与改变黏土的结构,提高其渗透率,使浆液能够更有效地渗入到土体中。此外还有在电动化学灌浆中存在的电动化学作用过程。

2. 化学胶结作用

不管是水泥浆或其他化学浆液与土粒接触,水化后都将生成凝胶体,都将发生具有胶结力的化学反应,把岩石或土粒胶结在一起,增加各土颗粒间的联结作用,提高整体结构强度。外来物质在凝胶过程中不仅本身发生多种复杂的化学反应,同时也会与土中的某些成分发生相互反应,从而改变土的结构、提高土的强度。如桐油(主要成分为桐油酸三甘油酯)与黏土混合后,桐油被扩展,在黏土表面形成分子油膜,使土体形成较粗的细小颗粒的集合体(颗粒团),加入糯米汁后,糯米汁在土粒间渗透、扩散,糯米汁自身的黏结性能将众多细小颗粒的集合体胶结在一起,形成较大的粒团。水泥浆与土体的离子交换作用、团粒化作用、凝硬反应、碳酸化作用,黄土的碱液加固作用,聚氨酯与土中孔隙水的反应,高分子材料与土粒发生的交联反应等系列反应,并伴随着释放出大量的反应热量,导致土体脱水、压密或土体结构与强度的改变。

3. 充填作用

固结材料固化后本身具有较高强度,充填于土体孔隙中,与土体共同承受外荷载,它的存在限制了土体的变形,提高了土体抵抗外力的能力。

4. 挤密作用

浆液在高压力作用下灌入土体中,使周围土体得到密实并排除部分孔隙水,从而提高土体强度。

5. 骨架作用

施工过程中的瞬间压力一旦超过土粒之间的联结作用,就会导致土体劈裂,产生较大的裂隙,浆液灌入、渗入、充填其中后必然会形成脉状及网状浆液体,固化后形成一个空间无规则的"杆系"结构体,该结构体类似土"骨架",具有一定的抗力,可支撑外来压力,同时也限制了其中土体的变形。

6. 防渗作用

浆液充填于岩石裂隙、空洞及土体孔隙中,凝硬、固化后阻塞了流体的渗流通道,提高了土体的防渗性能。

通过以上多种机制的协同作用,使原来承载能力低、防渗能力差、变形大的低抗力岩体或土体变为高抗力的承载结构体或防渗体,以满足工程之需求。

1.3.2 岩土工程化学的应用

1. 岩土工程化学在我国古代土木工程中的应用

我国人类的文明史可以追溯至七八千年以前,古代人民凭借其在生产及生活中积累的丰富经验,极其成功而又富有创造性地解决了多种土木工程及岩土工程问题。近年的甘肃省大地湾遗址考古证实建于5 000多年以前的F901宫殿中所用的广义混凝土,5 000多年以后其强度仍相当于今天的C10水平。石灰的应用可以看做是化学原理应用于土木工程及岩土工程的典型实例,它的使用历史可以追溯至原始社会晚期。我国许多古建筑的砌体结构及其基础砌体中采用糯米浆加白(石)灰作为胶结料已有数千年的历史,这些胶结料具有极好的耐久性,完全可以与今天的水泥砂浆相媲美,即使是在寒冷、潮湿的地下环境中,其强度亦可历经百年而不退化,此种作法直至20世纪初期仍在砌体结构中延续,如哈尔滨兆麟街上于中东铁路修建时期建造的索菲亚教堂即是如此(现为一级保护建筑)。即使是在今天的古建筑修复、修缮工程中,按照国家规定的"修旧如旧"的原则,仍采用此法。先人们不但能够应用无机化学材料,如黏土、岩石、石灰等,也懂得使用有机化学材料,如树胶(树脂)、动物血、糯米汁(淀粉)等,通过适当的击打、夯实、堆砌、浇灌等物理手段或烘烤、焙烧、冶炼等化学方法,如修筑万里长城时,因地制宜,就地取材,在高山峻岭以石修筑,在黄土地区以土夯筑,在无石无土的戈壁滩则以沙漠中特有的柳条和芦苇与砂、砾石互层铺筑,并泼以糯米汁以增加土的坚固性和耐久性等,用今天的观点看,其后一种作法就是一种典型的"加筋"作用。大庆建设初期的"干打垒",20世纪60~70年代东北农村的围墙在黏土中加"草筋"等均属此类。数千年前为躲避战乱而迁徙到广东、福建等地的客家人曾用糯米饭、红糖、鸡蛋清及桐油拌和三合土,建造坚固的土墙;河北赵州的石拱桥、陕西的灞桥以及福建的洛阳桥等,在无法烧制波特兰水泥的古代,桥体石块间的榫头连接采用糯米汁、牛血、石灰或桐油等混合物做胶结料(砂浆)对其进行胶结、充填;福建的洛阳桥位于洛阳江的入海处,江宽、浪急、潮水涨落,难以修建,为此建桥者用抛石的方法建造基础并在抛石表面和石缝间人工养殖牡蛎,使其大量繁殖,将分散的石块黏接成牢固的整体等,用今天的观点看,均应属于岩土工程化学的范畴。

2. 岩土工程的化学加固

岩土工程的化学加固是指利用各种浆液(如水泥浆、黏土浆、水玻璃浆、纸浆或其他各种具有胶结作用的浆液)或粉料(如水泥粉、生石灰粉、粉煤灰等),通过灌注渗入、高压喷射或机械搅拌等手段,使掺加料与土颗粒结合,发生化学反应后将其胶结在一起,以改善地基土物理、力学性质的地基处理方法。

浆液与土混合常用的方法之一是灌浆,即利用液压、气压或电化学原理,通过注浆管把浆液注入地层,浆液通过渗透、填充、挤密等方式,占据土体中原有的孔隙空间,与土结合并发生一系列化学反应,将原来松散的土粒胶结形成一个新的高抗力的整体。

当土体的渗透系数过小($k < 10^{-6}$ m/s)、浆液在土中不能有效扩散时,可能还要借助于电场力,用注浆管作阳极,利用滤水管作阴极,通以直流电,采用电渗的电化学原理来增加浆液的渗透速度或渗透半径,这就形成了电化学灌浆。在均匀性较差的土体中,浆液渗透不均匀,易在土中形成较大的无浆土块或表面有浆液、内部无浆液胶结的包裹体而影响加固效果,此时,可采用加大注浆压力、劈裂注浆或喷射注浆,即通过加大注浆压力或喷射的方法,将土体原来的结构彻底破坏,加入浆液后重新胶结,重新形成一个新的整体。灌浆所用的浆液本身是含水的,当土体的含水量过大、灌浆后导致土体含水过多时,也可采用喷射或拌和干粉(水泥粉、粉煤灰、生石灰粉、石膏粉等)的办法将土体胶结,这就是深层搅拌法。在这类方法中,使用最多的胶结料是水泥粉,因此其代表性的作法为水泥土搅拌法。

水泥土搅拌法适用于处理正常固结的淤泥、淤泥质土、粉土、饱和黄土、素填土、黏性土以及无流动地下水的饱和松砂等,一般对含有较多高岭石、多水高岭石、蒙脱石等黏土的加固效果较好,而对于含有较多伊利石、氯化物及水铝英石等矿物和含有有机质过多的土体,则加固效果欠佳。试验证明:对软土地基,在加入水泥粉的同时,再加入与水泥适量或等量的粉煤灰,则加固体的强度可比单纯掺加水泥粉的水泥土提高10%左右。由于水泥土中水泥掺量较少,水泥的水化、水解及固化等反应均是在土的围绕下进行的,水泥颗粒周围均是阻水性较好的黏土颗粒,因而,无论是反应速度还是在反应过程中生成的凝胶体数量等均不及在碎石及中粗砂的孔隙内(即混凝土),因此它的反应速率变慢,反应时间相对延长,且在每一个反应过程中,都会产生新的凝胶体,凝胶体积聚后便会以纤维状的形式向外扩张、延伸、分叉,逐步渗入到邻近土颗粒的孔隙中,结晶后生成网状空间体。混凝土终凝后需要很好的养护,否则强度将大受影响;而水泥土则不然,它们处于地下潮湿状态,环境温度、湿度变化很小,养护方法及温度、湿度的变化仅对短期强度产生影响,对长期强度影响甚微,与传统的混凝土材料相比,强度的增长速率相对缓慢,龄期超过3个月后,强度仍在缓慢增加。利用现代的电子显微镜观察,水泥和土的凝硬反应约需3个月左右的时间才能充分完成,从工程的角度上看,选用3个月的龄期作为水泥土的强度标准值较为适宜。同时水泥土对负温反应亦不敏感,水泥土试块在低温下,经长期冻结后强度并不增长,但恢复正温后强度仍可继续提高,冻结试件解冻后正常养护90 d,其强度与标准养护条件同龄期的强度非常接近,相差一般不超过10%,也就是说,水泥土具有很好的抗冻性及冻融循环稳定性,这一点与传统的混凝土相比有很大的差异。传统的混凝土在强度增长期内是不允许受冻的,否则,强度严重受损,导致无法应用。水泥土则不然,现有的试验已经证实,只要环境温度不低于−15 ℃,水泥土的强度就不会受到大的损害。即使是像哈尔滨这样严寒地区的最冷季节,地面0.5 m以下的地温一般均在−15 ℃以上,常常是不低于−10 ℃,此温度对水泥土的损害甚微,从工程的角度上看,其影响完全可以忽略,因此在冬季也完全可以进行水泥土搅拌法的施工。

1.3.3 土工合成材料在岩土工程中的应用

任何单一的材料都有其长处和短处,将两种或两种以上的材料复合,各取其长处,回避其短处,这就形成了今天的复合材料。钢筋混凝土是由抗拉强度极高、耐火性极差且不能单独承压的钢筋和抗压强度较高且不能承拉的混凝土复合而成,合成后广泛应用于土木工程。土工合成材料是由承压性能好的原状土和其他抗拉性能好或具有某种特殊工程性能的材料复合而成,它是近20年来在岩土工程中开发与应用的一门新技术,它是以人工合成的聚合物,如塑料、化纤、合成橡胶等为原料制成的产品,按照工程的需要置于土体内部、表面或各层土体之间,以起到加强或保护土体的作用,俗称"加筋土"。同传统的混凝土类似,只能承压而不能受拉,其压、拉强度比一般均在10以上,钢筋的特点是强度极高,但仅能受拉而不能承压,耐火性极差,在空气中易锈蚀。为解决此问题,工程应用时就扬长避短,从受力的角度上考虑,在混凝土构件内部压力由混凝土承受,受拉区配置适量的受力钢筋以承受外荷载,两者共同受力,形成了一个不可分割的整体,从而解决了大量的工程技术问题。其最大的特点在于两种材料复合后,用混凝土包裹住钢筋,即解决了钢筋材料的受压失稳、耐火、锈蚀等问题,同时,受拉钢筋的配置从根本上解决了混凝土材料的承拉问题,使复合体(钢筋混凝土)构件或结构的抗力得以大幅度提高。土体亦如此,其力学特点与传统的混凝土类似,只能"承压"而不能"承拉",即使是在自重作用下,侧向变形导致的拉应变过大时,也会使土体破坏,加入抗拉载体(土工合成材料)后,抗拉载体与土粒之间的摩擦、咬合、自锁等作用限制了土体的水平向拉应变,对土体的侧向变形起到了一个很好的约束作用,土中的拉应力直接传给了外加的抗拉载体,相当于在土中的受拉区加入了起抗拉作用的"钢筋",因而可以大大提高土的抗力,这就是所谓的"加筋"。从20世纪60年代法国人Henri Vidal提出在土中"加筋"可以提高土体强度的概念起到目前的数十年中,"加筋"已由最初的单纯提高土体强度发展到今天的多种综合用途,它可以反滤、排水、隔离、防渗、防护、加固地基、加固土坡和堤坝、修建挡土墙及代替"卷材"防水等。

土工合成材料在国际上的应用起源于20世纪50年代,直至70年代末期无纺织物的推广才得以迅猛发展，从而在岩土工程学科中逐步形成一个重要的分支。我国的应用与推广始于20世纪的80年代，之后应用逐渐增多，现已在我国特别是沿海的软土地区得到广泛应用。土工合成材料一般包括两种不同的形式，即土工织物和超轻型填土材料，这两种材料分别被称为土工领域的新技术革命。目前，土工合成材料技术中有关材料的蠕变、老化和其他性能的研究，如支挡结构的计算模型和理论、防冻结构的设计理论及有关合成材料作用的机理、设计计算原理和使用方法等都成为岩土工程化学中很有特色、很受人关注的一部分内容。

　　综上所述，岩土工程的特点是复杂性、多样性和易变性，工程应用时没有固定的模式可遵循，除了掌握相应的工程技术理论之外，还要凭借岩土工程技术人员的经验和现场的原位试验及检验。同样，岩土工程化学是一门实践性极强的技术学科，每一个工程都要按照工程实际情况进行设计与施工，大量的技术问题还必须通过现场试验的检验来验证其可靠性，有些关键的技术问题往往还需要凭借工程技术人员的经验对其进行处理，才能得到比较合理的技术结论或技术方案；同时其处理方案的非唯一性也可以看成是岩土工程的特色之一。

第2章 黏性土与无黏性土的应力－应变特性

修建在地基上的建(构)筑物的其荷载作用必然会引起地基内部的应力－应变变化,进而涉及土的强度及沉降变形等相关问题。实践证明,在很多情况下,除与当前应力状态有关之外,土的抗剪强度和变形参数实际上与其应力历史和应力路径还有很大的关系。

太沙基提出的饱和土体固结理论实际上只对单向一维固结情况比较精确,对常见的二、三维问题在理论上则有很大不足,比奥固结理论进一步研究了三向变形材料与孔隙水压力的相互作用,导出了比较完善的三维固结方程。

此外,以砂土为代表的无黏性土与黏性土之间在应力－应变特性上存在很大不同,需要对其强度和变形的基本作用机理及特征有清楚的了解。

本章在以往课程内容的基础上,着重介绍了应力路径、应力历史、饱和黏性土的比奥固结理论以及砂土在低压、高压、不排水等条件下的应力－应变关系等内容。

2.1 应力路径

对某种土样当采用不同的加(卸)荷方法或加(卸)荷次序而使其剪坏时,试样中的应力状态变化将各不相同,因此研究土的性质,不仅需要知道土的初始和最终应力状态,还需要知道它所经历过的应力变化过程。为了分析应力变化过程对土抗剪强度和变形参数的影响,通常是在应力坐标图中用应力点的移动轨迹来描述土体在加(卸)荷过程中的应力变化,这种应力点的移动轨迹就称为应力路径。

2.1.1 应力路径基本概念

1. $\sigma - \tau$ 直角坐标表示法

常用于表示已定剪切破坏面上法向应力和剪应力变化的应力路径。在某一固定时刻,任意一个土体单元中与主应力面不同方向面上的应力都可用应力圆的方式来进行表示。如果用 $\sigma - \tau$ 直角坐标上的一系列摩尔应力圆来表示土体应力变化过程中各个时刻该点的应力状态,在图上将会出现很多摩尔应力圆且相互之间重叠繁杂,难以方便地显示应力变化的过程,所以一般选取某一个固定面上的应力变化作为代表,即在加荷过程中省去诸多应力圆不画,只画出土单元体中的固定面在各个摩尔应力圆上所对应的一系列固定点,然后按应力变化过程的先后顺序将这些圆上的固定位置点连接起来,从而用选取的固定点移动轨迹作为土体在加荷过程中的应力路径。因选定固定面(固定点)的不同,故应力路径也会有无数条,但通常是在 $\sigma - \tau$ 直角坐标中连接一系列破坏应力圆上的剪应力与抗剪强度相等的破坏点或其最大剪应力 τ_{max} 作用点作为应力路径来反映土体单元的受力全过程。

图 2.1(a) 表示单元土体的最终应力状态,此时的大主应力为 σ_1,小主应力为 σ_3。为达到这一应力状态可以有许多种应力路径,图 2.1(b)、(c) 就是其中的两种情况。图 2.1(b) 中的 *ABCD*

路径表示土单元刚开始的应力状态为 $\sigma_1 = \sigma_3$，然后保持 σ_3 不变，分三步增加 σ_1 而达到最终状态。图 2.1(c) 表示保持初始 σ_3 不变而增加 σ_1，这一阶段最后的应力圆为过 b 点的圆 1；然后同时增加 σ_1,σ_3，这一阶段的最后应力圆为过 c 点的圆 2；最后是保持 σ_1 不变，减少 σ_3，这一阶段的最后应力圆为圆 3。由此可以看出，因加荷方式不同，虽然图 2.1(b)、(c) 两种情况的土体最终应力状态相同，但由于 $ABCD$ 和 $abcd$ 两条应力路径的不同，单元体的应力-应变关系会有很大的不同。因此，研究并掌握应力路径的分析方法，将有助于使所研究的问题（无论室内或现场试验）尽量符合实际情况，并取得相应较合理的物理力学参数用于工程实践。

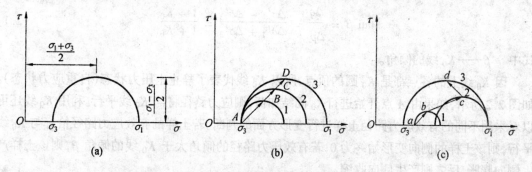

图 2.1 不同受力过程的应力路径

2. $p-q$ 直角坐标表示法

在 $\sigma-\tau$ 直角坐标中，当采用应力圆上顶点的最大剪应力 τ_{max} 作用点作为固定点时，因该点的横坐标为 $p = (\sigma_1 + \sigma_3)/2$，纵坐标为 $q = (\sigma_1 - \sigma_3)/2$，恰好对应各应力圆的圆心位置和其半径，因此可以唯一的确定各个时刻的摩尔应力圆，所以也常有把应力路径表示在 $p-q$ 直角坐标中的情况。$p-q$ 坐标图中应力路径上的任一点，就是加荷过程中该点所代表应力圆上的最大剪应力 τ_{max}。

当采用 $p-q$ 直角坐标表示法时，常需要清楚 K_0 线、K_f 线和 K'_f 线之间的区别。

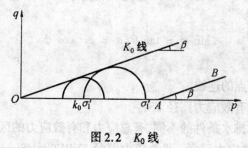

图 2.2 K_0 线

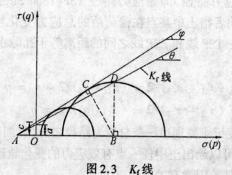

图 2.3 K_f 线

(1) K_0 线

在无侧向变形的单向固结压缩试验中,如对土样施加竖向固结压力 σ'_1,则侧向压力 $\sigma'_3 = K_0\sigma'_1$,其中 K_0 是土无侧向变形的侧压力系数。如图 2.2 所示,由任意多个 σ'_1 及它们所对应的 σ'_3 可画出一系列圆,称它们为 K_0 圆,若把这一系列 K_0 圆的顶点连起来,这条应力路径就称为 K_0 线。

K_0 线的斜率为

$$\tan\beta = \frac{\Delta q}{\Delta p} = \frac{\Delta\sigma'_1 - \Delta\sigma'_3}{\Delta\sigma'_1 + \Delta\sigma'_3} = \frac{1 - K_0}{1 + K_0} \tag{2.1}$$

式中 β——K_0 线的倾角。

因 K_0 线上的各点都是 K_0 圆的顶点,所以 K_0 线代表了静止土压力状态(自重应力状态)。如图 2.2 所示,如果由 A 点开始进行 K_0 固结加荷,则应力路径将与 K_0 线平行。利用 K_0 线还可以对采用不同的有效应力路径土样进行变形方面的判断。若土样的有效应力路径恰好与 K_0 线平行,则该土样的侧向变形始终为 0;若有效压力路径的倾角大于 K_0 线的倾角 β,则该土样产生侧向膨胀,反之则产生侧向收缩。

(2) K_f 线

如图 2.3 所示,把达到破坏状态时的不同总应力圆顶点连接起来的应力路径称为 K_f 线(强度线或破坏线)。若将 K_f 线和抗剪强度包络线绘制在同一个 $\sigma - \tau$ 坐标图上,K_f 线与 p 轴的夹角为 θ,与 q 轴的截距为 a。其与抗剪强度包络线的 c,φ 参数之间的关系可通过几何推求出

$$\sin\varphi = \frac{BC}{AB} = \frac{r}{AB}, \tan\theta = \frac{DB}{AB} = \frac{r}{AB}$$

$$OA = \frac{a}{\tan\theta} = \frac{c}{\tan\varphi}$$

即

$$\sin\varphi = \tan\theta, a = c \cdot \cos\varphi \tag{2.2}$$

(3) K'_f 线

指极限有效应力圆顶点的连线。

3. 总应力路径 TSP 和有效应力路径 ESP

根据土体受力过程中排水条件的不同,有总应力和有效应力的区别。同理在同一应力坐标中也会存在着两种不同的应力路径,即总应力路径 TSP(Total Stress Path)和有效应力路径 ESP(Effective Stress Path)。前者指土中某点在受荷后的总应力变化轨迹,它与加荷条件有关,与土质和土的排水条件无关。TSP 线和 ESP 线之间的距离等于孔隙水压力 u,有效应力原理仍然适用,有

$$\begin{cases} p' = (\sigma'_1 + \sigma'_3)/2 = (\sigma_1 + \sigma_3)/2 - u = p - u \\ q' = (\sigma'_1 - \sigma'_3)/2 = (\sigma_1 - \sigma_3)/2 = q \end{cases} \tag{2.3}$$

所以除了按应力 - 应变记录整理出一条总应力路径之外,若加荷过程的同时还记录有土中孔隙压力的相关数据,则可以绘出土中任一点有效应力的变化轨迹,由此 ESP 不仅和加荷条件有关,还与土质和排水条件等因素有关。

2.1.2 几种典型条件下的应力路径

1. 三轴试验的应力路径

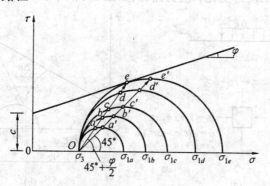

图 2.4 剪破面上与最大剪应力面的应力路径

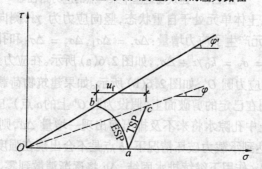

图 2.5 三轴 CU 试验中的 ESP 和 TSP

以常规三轴固结不排水试验(CU)中正常固结土样剪破面上的应力变化过程为例来进行分析。具体加荷过程是:首先对土样施加周围压力 σ_3(各向均等固结),则有 $\sigma_1 = \sigma_3$,按照摩尔应力圆方程及应力计算公式,此时在已定剪破面上的应力为 $\sigma = \sigma_3$,$\tau = 0$。然后施加竖向压力增量 $\sigma_1 - \sigma_3$,使土样受剪直至破坏,由此得到一条总应力路径 $O'e$,如图 2.4 所示,其中起点 O' 的坐标为 $\sigma = \sigma_3$,$\tau = 0$。终点 e 因土样剪破则必将落在强度包络线上。通过几何关系可得出总应力路径 TSP $= O'e$ 是一条与横轴呈 $(45° + \frac{\varphi}{2})$ 夹角的直线。图中还同时绘出了最大剪应力面上的应力路径线 $O'e'$,它是一条与横轴呈 $45°$ 夹角的直线。

如果在试验中同时还测定了孔隙水压力,则还可以在 $\sigma - \tau$ 图上画出有效应力路径 ESP。图 2.5 表示由试验结果绘出的 TSP 和 ESP。因为等向固结,故两条应力路径同时出发于 a 点 $(\sigma_a = \sigma_3,\tau = 0)$。当受剪时,TSP 是与横轴呈夹角为 $(45° + \frac{\varphi}{2})$ 且向右上方延伸的直线。由于在不排水剪切过程中的孔隙水压力随轴向应力的增加呈非线性变化,所以有效应力路径 ESP 是向左上方弯曲的曲线。它们分别终止于总应力强度包络线和有效应力强度包络线上。ESP 和 TSP 之间各点横坐标的差值就是施加 $(\sigma_1 - \sigma_3)$ 过程中土样的孔隙水压力 u,而 b,c 两点之间的横坐标差值则为减损时的孔隙水压力 u_f。因为有效应力摩尔圆与总应力圆半径相同,即 $\frac{1}{2}(\sigma_1 - \sigma_3) = \frac{1}{2}(\sigma'_1 - \sigma'_3)$,故 b,c 两点的纵坐标强度值是相同的。

2. 建筑物地基中的应力路径

为了简便起见，我们考查正常固结饱和黏土地基中对称轴上某一深度处的土体单元，在建筑物所施加荷载作用下的应力变化和应力路径，如图 2.6 所示。

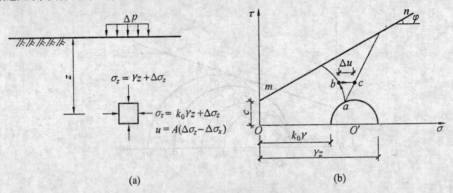

图 2.6　建筑物地基中某一点的应力路径

在外荷载未施加前，土体单元处于自重状态，竖向应力为 γz，侧向应力为 $k_0\gamma z$。在施加建筑物荷载 Δp 后，土体单元产生了应力增量：$\Delta\sigma_z = \Delta\sigma_1, \Delta\sigma_x = \Delta\sigma_3$ 和孔隙水压力增量 Δu，此时 $\sigma_1 = \sigma_z = \gamma z + \Delta\sigma_z, \sigma_3 = \sigma_x = k_0\gamma z + \Delta\sigma_x$，如图 2.6(a) 所示。在应力坐标图中，自重条件下可绘出一个 k_0 状态的摩尔应力圆 O'，如图 2.6(b) 所示。如果建筑物荷载经缓慢施加且允许土中孔隙水压力充分消散，则在已定的剪破面上(假设为圆 O' 上的 a 点)，应力路径将是 ac 线。如果建筑物施工速度较快，土中孔隙水将来不及排出而出现一增量 Δu，则有效应力路径 ESP 将如 ab 线所示。在地基还未达到承载力破坏情况下，b 点是不会出现在强度包络线 mn 上的。当建筑物完工后，地基土将在 Δp 作用下继续排水固结，Δu 将逐渐消散到零，在这一过程有效应力逐渐增大直至等于 Δp，但剪应力不发生变化，所以 ESP 上的 b 点将逐渐沿一条水平线 bc 向右移动至与 c 点重合，因此可以归结为对于建筑物荷载 Δp 施加以后地基的排水固结过程，其应力路径是一条水平线，如图 2.6(a) 中 bc 所示。这也是建筑物在使用若干年后，可以适度增加层数的原因。

3. 分级加荷施工时地基中的应力路径

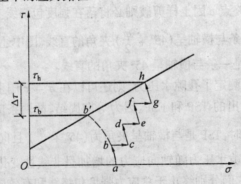

图 2.7　地基分级加荷应力路径

采用分级加荷的方法进行施工，图 2.7 中的 a 点表示地基中某点的初始应力状态，对第一级荷载，有效应力路径将如图中的曲线 ab 所示，如果加荷后停留一段时间，以便让地基土在第一级荷载下充分排水固结，则应力路径将为水平线 bc。依此类推，随后的各级荷载如果均按第一级加荷的方法施工,则可以得到的应力路径为 $a \to b \to c \to d \to e \to \cdots \to h$。通过考查应力路径图可以很清楚地看出这种分级加荷方法的优点,如图 2.7 所示,地基由于分级固结所获得的强度较一次连续加荷而不让土体固结所具有的抗剪强度增长了 $\Delta \tau$,这种方法可以使地基土有效地排水固结,进而相当程度上提高了土体的抗剪强度,增大了地基的承载力。因此,采用应力路径图除了可以清楚地把土中强度变化过程表示出来,同时还表明了因加荷方式不同,土体的强度并不是一个单一固定值。

这种有目的的采用分级加荷并在每级加荷后允许地基土排水固结的方法和原理在地基加固处理中已属于很重要的一类方法,在工程上还有很多灵活应用。典型的有软土地基上的大型油罐或仓储工程,可利用在油罐或仓储中分级充水(充物)对地基进行预压,控制加荷速度以满足地基土强度增长的条件。有时为了加快排水固结时间,有的工程还利用排水砂井以改善地基的排水条件,以达到加快施工进度并提高地基土强度的目的。

4. 基坑工程

图 2.8 基坑边缘土的应力状态

前面介绍的几种应力路径均属于加荷工程情况,与之相反,近些年因城市空间利用等需求而日益增多的深基坑工程却属于卸荷工程。如图 2.8 所示,因开挖引起的侧壁土体变形是在土体侧向卸荷条件下发生的。为简化,取一直立于开挖基坑边缘处的微分土单元 A 进行分析。此时暂且假设卸荷过程中土的强度指标与加荷条件相同,则在基坑开挖的过程中,土单元水平向应力 $\sigma_x = k_0 \gamma h$ 随土方开挖而逐步减小,但竖直面上的应力仍保持 γh 不变,相当于 σ_1 保持不变而 σ_3 减小。如图 2.9 所示,其应力路径线 AB 向左,与加荷应力路径线 AC(σ_3 保持不变而 σ_1 增大)恰好方向相反。

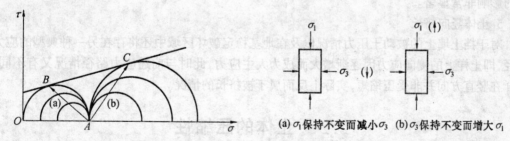

(a) σ_1 保持不变而减小 σ_3 (b) σ_3 保持不变而增大 σ_1

图 2.9 加卸荷试验的应力路径

综合起来,实际地基中可能有各种应力路径,针对土的强度指标是否发生变化这一问题。一般的看法是,对于理想的各向同性均质土体,排水和不排水试验以及三轴压缩和挤长试验等的应力路径对强度指标 c, φ 值影响不大。但对各向异性土体来说,不同的应力路径试验对强度值会产生很大影响。考虑到天然土层常会有非均质和各向异性的情况,故此时对应力路径的影响需引起注意。

此外,不同的加、卸荷应力路径实际上对土的变形特性有很大影响。基坑侧壁及其邻近土体在侧向卸荷条件下所发生的变形,与一般土工试验加荷所表现的应力-应变关系不尽相同,图 2.10 正是用不同的加、卸荷方式得到的三轴试验应力-应变曲线。可以看出,由试验曲线获得的强度破坏值及模量值都不相同,因此如果还用常规土工试验加荷方法得到的土工参数来进行开挖工程分析必然影响土体的变形计算结果,这一问题尚需进一步研究确定。

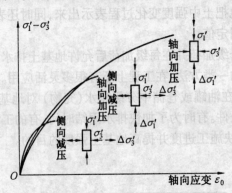

图 2.10 不同应力路径试验的应力-应变曲线

归纳目前国内外在理论和试验方面已发表的研究成果,大致有以下几种观点:

通过大量试验,研究发现针对固结不排水加荷与卸荷两种情况,土样在卸荷状态下的变形模量要明显大于加荷状态下的变形模量。也有学者经试验研究得出在不排水条件下,侧向卸荷试验得到的割线模量 E'_{50} 要大于轴向加荷试验得到的割线模量 E_{50}(应力达到峰值强度 50% 时对应的割线模量)且两者大致有 $E'_{50} = 1.7 E_{50}$ 的关系。再者轴向加荷和侧向卸荷条件下得到的有效抗剪强度指标基本一致。

此外,还发现正常固结土样在加荷状态下常伴随着正的孔隙水压力,但在卸荷状态下常伴随着负的孔隙水压力,表现出土样具有记忆原有应力状态和力学性质的能力。

目前,有学者针对上海地区典型软土推得了其卸荷变性模量与应力路径的关系表达式,结论是软土的卸荷模量远大于常规三轴试验所获得的压缩模量或弹性模量,应力路径对软土模量的影响非常显著。

5. 土体竖向挤长

对于挡土墙上的被动土压力情况以及在地基稳定破坏区域中还将存在另一种典型的应力路径,即土样上的侧向应力因逐渐增大而成为大主应力,此时与前述应力路径情况又有不同。试样在竖直方向并非受压缩短,实际上反而属于被挤长的情况。

2.2 土体的压缩性

土的压缩性是指土在压力作用下体积缩小的特性。土的压缩性不仅与土粒粒度级配、成分和土体结构有关,还受外界环境(如温度)等因素的影响。当我们用土的压缩性指标计算地基沉降量时,还需考虑原位土体的先期固结压力及其变化情况(应力历史)。

2.2.1 应力历史

1. 应力历史及其划分

应力历史是指土在形成的地质年代中所经受过的应力变化情况。若天然土层某一深度 z 处现有的自重应力为 p_0，该土层在历史上受到过的最大有效应力为先(前)期固结压力 p_c，则定义 p_c 与 p_0 之比为超固结比 OCR(Over Consolidation Ration)，用来表示土的超固结程度。根据 OCR 的大小，可以将土分为超固结、正常固结和欠固结三种固结状态。

(1) 超固结状态

因古冰川融化、地表土体剥蚀或地下水位上升等原因，天然土层在地质历史上曾受到过的最大固结压力 p_c 大于目前的土有效自重应力 p_0，即 OCR > 1。

(2) 正常固结状态

指土的沉积年代较长，土体在历史上的最大固结压力 p_c 作用下沉降已经稳定，此后土层厚度并未发生变化，也没有因其他因素使土的有效自重应力发生改变，故先期固结压力 p_c 等于目前的土有效自重应力 p_0，即 OCR = 1。

(3) 欠固结状态

对新沉积的土(一般指海底淤泥土，近代充填的陆地)，因在自重作用下还没有完成固结，常被称为欠固结土。此时自重应力是总应力，尚未完全转化为有效应力，故有效应力 p 小于自重应力 p_0。此外因地面填土，地下水位降低也会使原来已经正常固结的土因土中应力 p 小于 p_0 而成为欠固结土。

2. 先期固结压力 p_c 的确定

为说明土体是否是超固结土及其超固结程度，确定先期固结压力 p_c 是其中的关键，其对变形计算和强度分析有较大影响，目前先期固结压力 p_c 的确定主要依赖于室内固结试验。试验表明，当采用半对数的 $e-\lg p$ 坐标系时，通常正常固结土的 $e-p$ 土工压缩试验曲线在 $e-\lg p$ 坐标系中将变成直线。同时大量试验研究还表明，在 $e-\lg p$ 曲线上，对应于从曲线段过渡到直线段时转折点处的压力值就是天然土层在沉积历史上曾受到过的最大固结压力 p_c。因此，采用 $e-\lg p$ 坐标系表达方法，还可以方便地从 $e-\lg p$ 曲线上找到土的先期固结压力 p_c。

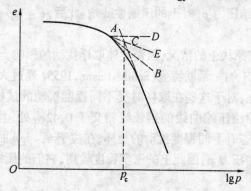

图 2.11　确定先期固结压力 p_c

确定 p_c 的方法很多，其中应用最广的是卡萨格兰德(A.Casagrande,1936)提出的经验作图法，具体作图步骤如下：

(1) 用室内土工压缩试验结果绘制 $e-\lg p$ 曲线,在曲线转折处找出曲率半径最小的一点 A,如图 2.11 所示。

(2) 过 A 点作 $e-\lg p$ 曲线的切线 AB 和水平线 AD。

(3) 作 $\angle DAB$ 的角平分线 AE。

(4) 由 $e-\lg p$ 曲线下段的直线部分向上延长交 AE 于点 C,点 C 所对应的压力值就是先期固结压力 p_c。

这种作图方法的优点是简单明确。缺点是：① 此法仅适用于 $e-\lg p$ 曲线曲率变化较明显的土体,否则最小曲率半径不易确定。② 因 $e-\lg p$ 曲线的曲率随 e 轴坐标比例选择不同而改变,则曲线的形状和 p_c 的确定因此将受到一定的影响。③ 为获得 $e-\lg p$ 曲线上的直线部分,常需要使用能施加较大压力的高压压缩仪来进行试验。

此外,其他为确定先期固结压力 p_c 而提出的方法有很多,综合起来大致有以下几种途径：由于有些土性参数(如有效应力强度参数)不受土样的扰动影响或受其影响较小,有学者提出用土的不排水强度来推求土的超固结比 OCR。另一方面,通过现场原位测试的方法来确定先期固结压力 p_c 也是一种可行的办法。就此有学者提出通过原位测试测出土的静止侧压力系数,通过静止侧压力系数及有效内摩擦角来反求 OCR 的方法。近年来国内外还有人进一步提出采用孔压静力触探(CPTU)原位测试方法来确定黏土的先期固结压力 p_c,具体的测试方法是根据孔压静力触探测试所提供的 3 个连续读数(锥尖阻力、侧壁摩阻力和孔隙水压力),结合以往工程测试的数据进行数学统计或简化理论分析,进而提出这 3 个试验测试参数中的一个或多个参数与先期固结压力 p_c 之间的半经验或半理论关系式,进而得出 p_c,该方法的优点是快速、可靠、经济和连续,缺点是暂时还难以给出较精确的理论关系。

3. 应力历史对压缩曲线的影响

应力历史对土体压缩曲线的影响,可用图 2.12 来说明。图 2.12(a) 是正常固结原状土的情况,图中斜直线为某土层中的原位压缩曲线。实际上受到自重应力作用的土体在取样时,因钻探等技术条件的限制土体将发生一定程度的扰动,部分应力将释放,成了超固结土。压缩曲线将自卸荷点开始出现转折并向左延伸。如果用该试样在实验室作压缩试验,试验加荷初始阶段实际上为土样的再压缩过程,压缩曲线将向右下方弯曲且变化比较平缓。随着荷载的进一步增加,特别是在超过前期固结压力 p_c 时土的压缩性陡增。此后,$e-\lg p$ 曲线逐渐恢复到原位压缩曲线的延长线上。

图 2.12(b) 为超固结原状土的情况,因受土体取样扰动的影响,土样在室内做试验时同样也属于卸荷再压缩情况。H·J·希默特曼(Schmertmann,1955)通过大量室内试验发现,不论是超固结土还是正常固结土,对于这些在取样时受不同程度扰动的试样,它们的再压缩 $e-\lg p$ 曲线的直线段都大致与原位压缩曲线的延长线相交于 $0.42e_0$ 处,且沿原位压缩曲线向下延伸。这说明对应于起始状态有不同程度扰动的土样,在位于 $e-\lg p$ 曲线直线的延伸段时,土样实际上已经受到过很高的压力 p,因此土的密实程度较高,它们的压缩性在这种情况下基本没有什么明显的区别。

由此可见,因为土体采样技术条件的限制,以及土样取出后应力的释放,试验时切取土样人工扰动等因素的影响,因此必须对试验室测定的压缩曲线按先期固结压力 p_c 进行修正,以得到符合现场地基土实际压缩性的原位压缩曲线,从而更好地用于地基沉降量计算,具体修正方法如下：

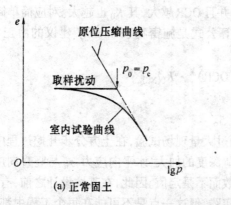 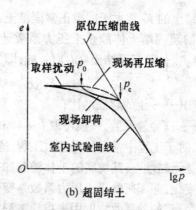

图 2.12 取样对压缩曲线的影响

(1) 先由试验曲线用前面所述的方法确定土的先期固结压力 p_c 和初始孔隙比 e_0。若当前的自重应力 $p_c = p_0$,则为正常固结土;若 $p_c > p_0$,则为超固结土。

(2) 对正常固结土,实验室压缩曲线如图 2.13(a) 所示。由该土的先期固结压力 p_c 和初始孔隙比 e_0,可在图中绘出该土的原位状态点 B,然后在压缩曲线上确定 $e = 0.42e_0$ 处点 C,连接 B、C 两点而成的直线 BC,就是原位压缩曲线。

(3) 对超固结土,如图 2.13(b) 所示,根据土样的土的自重应力 p_0 和初始孔隙比 e_0 确定 D 点,用 D 点表示该土样在土层中的原始状态。在进行压缩试验时,当压力超过预计的先期固结压力 p_c,压缩曲线出现直线段时,卸荷至略低于 p_0;加荷再次压缩,形成滞回环,绘出滞回环的割线。由 D 点作平行于割线的斜线,交先期固结压力线(铅垂线)于 E 点。在室内压缩曲线上取 $e = 0.42e_0$ 处点 C,则直线 EC 就是超固结土的原位压缩曲线的直线段。当土体上的压力 p_0 小于 p_c 时,应根据直线 DE 进行沉降计算。当 p_0 大于 p_c 时,应根据直线 EC 计算。

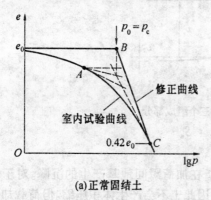 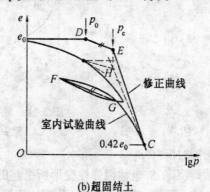

图 2.13 压缩曲线的修正

4. 应力历史对静止侧压力系数 K_0 的影响

土体的变形与其内部的局部屈服都深受有效侧压力的影响,土体在侧限条件下的侧应力数值与静止侧压力系数息息相关。对一般的正常固结土,可近似按下式估算其静止侧压力系数,即

$$K_{0(NC)} = 1 - \sin \varphi' \tag{2.4}$$

式中　φ'——土的有效内摩擦角。

一般砂土的 K_0 约为 0.4~0.6,黏土的 K_0 约为 0.5~0.7。

超固结土的 K_0 常大于同类正常固结土,并且 OCR 越大,其 K_0 也越大。对应简单卸荷情况,比较公认的超固结土体静止土压力系数计算公式是施密特(Schmidt)建议的由正常固结土(NC)的 K_0 去估算超固结土(OC)的 K_0,即

$$K_{0(OC)} = (OCR)^m \cdot K_{0(NC)} \tag{2.5}$$

式中　OCR——土的超固结比;

　　　m——经验系数,一般可取 0.4~0.5。

此外,对于工程中常见的深基坑工程,通过大量现场试验,在土方分步开挖过程中,无论是黏性土还是无黏性土,其坑底的土体随着卸荷深度的加大,水平向应力 σ_h 与竖直向应力 σ_v 之间呈曲线变化,即卸荷静止土压力系数是变数而不是定值。因此,在基坑设计之前,有必要先作卸荷的 $\sigma_h - \sigma_v$ 的关系曲线以用来指导工程实践,但这一点是不可能在每个工程中都有条件实现的。目前还没有关于深基坑卸载的 $\sigma_h - \sigma_v$ 关系的理论公式,一般是参考与之相近的超固结土的理论公式,即按照超固结定义,基坑开挖后坑底土成为超固结土,但这里需要注意的是,用卸荷量来定义 OCR 就不能只局限在式(2.5)。比如基坑开挖面附近 OCR 很大,而 K_0 再大也不能大过其上限值 $\tan^2(\frac{\varphi}{2} + 45°)$,以上公式只能用于坑底以下某个范围。至于卸荷土体侧压力系数十分准确的计算,目前仍没有统一的成果。

2.2.2　地基最终沉降量的组成

通常在建筑物荷载作用下,饱和黏性土地基的沉降将随时间增长并由三部分不同阶段的变形组成,即瞬时沉降 S_i、固结沉降 S_c 和次固结沉降 S_s,如图 2.14 所示。

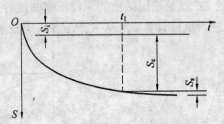

图 2.14　地基沉降的三个组成部分

$$S = S_i + S_c + S_s \tag{2.6}$$

1. 瞬时沉降 S_i

瞬时沉降 S_i 也称因弹性变形所引起的沉降,指在加荷瞬间地基产生的沉降。对于饱和黏性土,此时孔隙水来不及排出,孔隙体积没有变化,因此土不会产生体积压缩。但荷载却使地土产生剪切变形,因此这一种变形是考虑了侧向变形的沉降计算,在实用上可以采用弹性力学的解答公式。当作用于地基表面的分布荷载面积为圆形或矩形且压力均布时,其计算公式为

$$S_i = \frac{1-\mu^2}{E}\omega b p \tag{2.7}$$

式中　p——均布竖向荷载;

　　　b——荷载面积的直径或宽度;

　　　ω——沉降影响系数;

　　　E, μ——分别为土的弹性模量和泊松比。

公式中的参数 E 和 μ 一般不是常数,因加荷瞬间土中孔隙水尚未排出,认为土体是不可压缩的,所以取泊松比 μ 为 0.5。弹性模量 E 可采用由室内三轴不排水试验测得的应力-应变曲线上的初始切线模量。

2. 固结沉降 S_c

固结沉降 S_c 指随着土中孔隙水排出,孔隙水压力转换成土的有效应力,土体逐渐压密所产生的压缩变形。固结沉降速率取决于孔隙水的排出速率,固结沉降量也是黏性土地基沉降的主要组成部分,工程上广泛采用分层总和法对其进行计算。但分层总和法采用的是单向压缩(一维变形)假定,这与基础荷载有限分布面积的实际压缩沉降不尽相符。

3. 次固结沉降 S_s

次固结沉降 S_s 指当地基土中的孔隙水完全消散,土固结完成以后,因土骨架在最终的有效固结压力作用下发生黏滞蠕变所产生的沉降。根据分层总和法的基本原理,次固结沉降计算公式为

$$S_s = \sum_{i=1}^{n} \frac{C_{ai}}{1+e_{1i}} \lg\left(\frac{t_2}{t_1}\right) h_i \tag{2.8}$$

式中 e_{1i}——第 i 层土的初始孔隙比;

h_i——第 i 层土的厚度;

C_{ai}——第 i 层土的次固结系数,由试验确定;

t_1, t_2——分别对应主固结度为 100% 的时间和所求次固结沉降的时间,$t_2 > t_1$。

次固结沉降主要取决于土骨架的蠕变性质,与孔隙水排出的速率无关,其沉降量一般比主固结沉降量 S_c 要小得多,计算中一般不考虑。但对于富含有机质的深厚软土地基因其次固结沉降量大,故在工程上应给予足够重视。

4. 无黏性土地基的沉降计算

无黏性土因透水性大,加荷后地基沉降完成快,瞬时沉降与固结沉降已无法分开。由此无黏性土地基的沉降量大部分在施工期间完成,沉降对建筑物的后期使用影响较小,工程中往往不计算其沉降量。

但是对有些沉降计算要求精度高且地基土层主要是无黏性土的情况,仍需确定地基的沉降量。由于无黏性土地基的变形模量随深度增加,且很难取出原状土样在实验室作压缩试验,因此目前主要是依靠现场试验或一些经验方法来确定其沉降量。

2.2.3 考虑应力历史影响的固结沉降计算方法

1. 正常固结土($p_0 = p_c$)的沉降计算

计算正常固结黏土沉降 S_c 的分层总和法公式如下(图 2.15)

$$S_c = \sum_{i=1}^{n} \Delta S_i = \sum_{i=1}^{n} \frac{\Delta e_i}{1+e_{0i}} h_i = \sum_{i=1}^{n} \frac{h_i}{1+e_{0i}} C_{ci} \lg\left(\frac{p_{1i}+\Delta p_i}{p_{1i}}\right) \tag{2.9}$$

式中 Δe_i——由原始压缩曲线确定的第 i 层土的孔隙比变化;

e_{0i}——第 i 层土的初始孔隙比;

h_i——第 i 层土的厚度;

C_{ci}——第 i 层土的压缩指数,由土的现场原始压缩曲线确定;

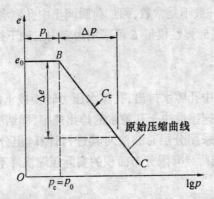

图 2.15 正常压缩土的原始 $e-\lg p$ 曲线

Δp_i——第 i 层土的平均附加应力(有效应力增量);

p_{1i}——第 i 层土的平均自重应力。

2. 超固结土($p_0 < p_c$)的沉降计算

计算超固结土(overconsolidated soil)的沉降时可以用原始压缩曲线和再压缩曲线分别确定土的压缩指数 C_c 和回弹指数 C_e,计算时应区分下列两种情况:

(1) 当某些分层土的附加应力 $\Delta p > p_c - p_0$ 时,见图 2.16(a),因为

$$\Delta e' = C_e \lg\left(\frac{p_c}{p_1}\right) \tag{2.10}$$

$$\Delta e'' = C_c \lg\left(\frac{p_1 + \Delta p}{p_c}\right) \tag{2.11}$$

式中 C_e——回弹指数,原始再压缩曲线 DE 的斜率;

C_c——压缩指数,原始压缩曲线 EC 的斜率。

故

$$S_{oc}(n) = \sum_{i=1}^{n} \frac{h_i}{1+e_{0i}}\left[C_{ei}\lg\left(\frac{p_{ci}}{p_{1i}}\right) + C_{ci}\lg\left(\frac{p_{1i} + \Delta p_i}{p_{ci}}\right)\right] \tag{2.12}$$

式中 n——压缩土层中满足 $\Delta p > p_c - p_0$ 的分层数;

C_{ei}, C_{ci}——分别为第 i 层土的回弹指数和压缩指数;

p_{ci}——第 i 层土的先期固结压力。

其他符号同式(2.9)。

(2) 当某些分层土的附加应力 $\Delta p < p_c - p_0$ 时,见图 2.16(b),分层土的孔隙比变化将沿着原始再压缩曲线 DE 段变化,其大小为

$$\Delta e = C_e \lg\left(\frac{p_1 + \Delta p}{p_1}\right) \tag{2.13}$$

故

$$S_{oc}(m) = \sum_{i=1}^{m} \frac{h_i}{1+e_{0i}}\left[C_{ei}\lg\left(\frac{p_{1i} + \Delta p_i}{p_{1i}}\right)\right] \tag{2.14}$$

式中 m——压缩土层中满足 $\Delta p < p_c - p_0$ 的分层数。

其他符号同式(2.12)。

超固结土的总固结沉降为上述两种情况土层沉降之和,即

$$S_{oc} = S_{oc}(n) + S_{oc}(m) \tag{2.15}$$

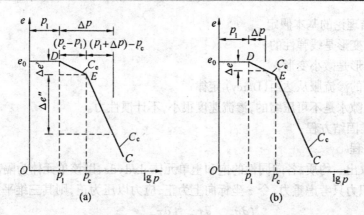

图 2.16 超固结土的原始 $e-\lg p$ 曲线

3. 欠固结土的沉降计算

欠固结土(underconsolidated soil)的特点是天然状态时在自重作用下土还没有完成固结沉降,因此其沉降不仅由地基附加应力所引起,还包括自重应力作用下尚未完成的自重固结沉降,如图 2.17 所示,其沉降可按正常固结土的原始压缩曲线方法计算。

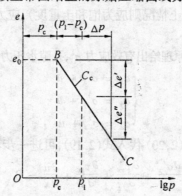

图 2.17 欠固结土的原始 $e-\lg p$ 曲线

因为
$$\Delta e' = C_c \lg\left[\frac{p_c + (p_1 - p_c)}{p_c}\right] \tag{2.16}$$

$$\Delta e'' = C_c \lg\left[\frac{p_c + (p_1 - p_c) + \Delta p}{p_c + (p_1 - p_c)}\right] \tag{2.17}$$

故
$$S_{uc} = \sum_{i=1}^{n} \frac{h_i}{1+e_{0i}}\left[C_{ci}\lg\left(\frac{p_{1i}+\Delta p_i}{p_{ci}}\right)\right] \tag{2.18}$$

式中符号与前述各式相同。

2.2.4 比奥固结理论

比奥(Biot,1940)从比较严格的固结理论(即从连续介质的基本微分方程)出发推导出能正确反映孔隙水压力消散和土骨架变形之间相互关系的三维固结方程,建立了比奥固结理论,一般称之为"真三维固结理论",而将太沙基三维方程称为"拟三维固结理论",下面是饱和土固结的比奥固结理论的推导。

1. 比奥固结理论的基本假定
(1) 土骨架变形是线弹性的;
(2) 土体变形是微小变形;
(3) 土中水的渗流服从达西(Darcy)定律;
(4) 土中孔隙水是不可压缩的,渗流速度很小,不计惯性力。

2. 比奥三维固结方程
(1) 平衡方程

在土体中取出一均质、各向同性的饱和土单元体 $dxdydz$,以该单元体为隔离体(土骨架 + 孔隙水)。若体积力只考虑重力,令 z 坐标向上为正,应力以压为正,则其三维平衡微分方程为

$$\begin{cases} \dfrac{\partial \sigma_x}{\partial x} + \dfrac{\partial \tau_{yx}}{\partial y} + \dfrac{\partial \tau_{zx}}{\partial z} = 0 \\ \dfrac{\partial \tau_{xy}}{\partial x} + \dfrac{\partial \sigma_y}{\partial y} + \dfrac{\partial \tau_{zy}}{\partial z} = 0 \\ \dfrac{\partial \tau_{xz}}{\partial x} + \dfrac{\partial \tau_{yz}}{\partial y} + \dfrac{\partial \sigma_z}{\partial z} = -\gamma \end{cases} \qquad (2.19)$$

式中　γ——土的重度(对饱和土情况则应为饱和土重度),应力为总应力。

(2) 有效应力原理

根据太沙基饱和土有效应力原理给出有效应力 σ',孔隙水压力 u 和总应力 σ 之间的关系为

$$\begin{cases} \sigma_x = \sigma'_x + u \\ \sigma_y = \sigma'_y + u \\ \sigma_z = \sigma'_z + u \end{cases} \qquad (2.20)$$

孔隙水不承受剪应力,将式(2.20)代入式(2.19),可进一步写成

$$\begin{cases} \dfrac{\partial \sigma'_x}{\partial x} + \dfrac{\partial \tau_{yx}}{\partial y} + \dfrac{\partial \tau_{zx}}{\partial z} + \dfrac{\partial u}{\partial x} = 0 \\ \dfrac{\partial \tau_{xy}}{\partial x} + \dfrac{\partial \sigma'_y}{\partial y} + \dfrac{\partial \tau_{zy}}{\partial z} + \dfrac{\partial u}{\partial y} = 0 \\ \dfrac{\partial \tau_{xz}}{\partial x} + \dfrac{\partial \tau_{yz}}{\partial y} + \dfrac{\partial \sigma'_z}{\partial z} + \dfrac{\partial u}{\partial z} = -\gamma \end{cases} \qquad (2.21)$$

式中 $\dfrac{\partial u}{\partial x}, \dfrac{\partial u}{\partial y}, \dfrac{\partial u}{\partial z}$ 实质上就是各方向上的单位渗透力,因此式(2.21)也就是以土骨架为脱离体而建立的平衡微分方程。

(3) 本构方程

在线弹性变形的假定下,土骨架有效应力与土体应变之间应服从虎克定律,其本构(物理)方程为

$$\begin{cases} \sigma'_x = 2G\left(\dfrac{\mu}{1-2\mu}\varepsilon_V + \varepsilon_x\right) \\ \sigma'_y = 2G\left(\dfrac{\mu}{1-2\mu}\varepsilon_V + \varepsilon_y\right) \\ \sigma'_z = 2G\left(\dfrac{\mu}{1-2\mu}\varepsilon_V + \varepsilon_z\right) \\ \tau_{yz} = G\gamma_{yz}, \tau_{zx} = G\gamma_{zx}, \tau_{xy} = G\gamma_{xy} \end{cases} \qquad (2.22)$$

式中　　G——土的剪切模量，$G = \dfrac{E}{2(1+\mu)}$；

　　　　E——土骨架的弹性模量；

　　　　μ——土骨架泊松比；

　　　　$\varepsilon_x, \varepsilon_y, \varepsilon_z$——应变分量；

　　　　ε_V——体积应变，$\varepsilon_V = \dfrac{\Delta V}{V} = \varepsilon_x + \varepsilon_y + \varepsilon_z$。

(4) 几何方程

在小变形前提下，应变与位移之间的几何方程为

$$\begin{cases} \varepsilon_x = -\dfrac{\partial \bar{u}}{\partial x}, \gamma_{yz} = -\left(\dfrac{\partial \bar{w}}{\partial y} + \dfrac{\partial \bar{v}}{\partial z}\right) \\ \varepsilon_y = -\dfrac{\partial \bar{v}}{\partial y}, \gamma_{zx} = -\left(\dfrac{\partial \bar{u}}{\partial z} + \dfrac{\partial \bar{w}}{\partial x}\right) \\ \varepsilon_z = -\dfrac{\partial \bar{w}}{\partial z}, \gamma_{xy} = -\left(\dfrac{\partial \bar{v}}{\partial x} + \dfrac{\partial \bar{u}}{\partial y}\right) \end{cases} \quad (2.23)$$

式中　　$\bar{u}, \bar{v}, \bar{w}$——分别为土体在 x, y, z 方向上的位移。

注意按照土力学习惯，本书以 u 表示孔隙水压力，而弹性力学中则习惯用 u 来表示 x 方向位移，为了避免混淆，此处用 $\bar{u}$ 来表示 x 方向上的位移。此外公式(2.23)中的应力是以土体受压为正，受拉为负。与弹性力学的几何方程符号相反。

将式(2.23)代入式(2.22)，再代入式(2.21)，可整理为

$$\begin{cases} -G\nabla^2 \bar{u} - \dfrac{G}{1-2\mu} \cdot \dfrac{\partial}{\partial x}\left(\dfrac{\partial \bar{u}}{\partial x} + \dfrac{\partial \bar{v}}{\partial y} + \dfrac{\partial \bar{w}}{\partial z}\right) + \dfrac{\partial u}{\partial x} = 0 \\ -G\nabla^2 \bar{v} - \dfrac{G}{1-2\mu} \cdot \dfrac{\partial}{\partial y}\left(\dfrac{\partial \bar{u}}{\partial x} + \dfrac{\partial \bar{v}}{\partial y} + \dfrac{\partial \bar{w}}{\partial z}\right) + \dfrac{\partial u}{\partial y} = 0 \\ -G\nabla^2 \bar{w} - \dfrac{G}{1-2\mu} \cdot \dfrac{\partial}{\partial z}\left(\dfrac{\partial \bar{u}}{\partial x} + \dfrac{\partial \bar{v}}{\partial y} + \dfrac{\partial \bar{w}}{\partial z}\right) + \dfrac{\partial u}{\partial z} = -\gamma \end{cases} \quad (2.24)$$

此式就是用位移和孔隙水压力来表示的饱和土单元体平衡微分方程，式中 ∇^2 为拉普拉斯算子，$\nabla^2 = \dfrac{\partial^2}{\partial x^2} + \dfrac{\partial^2}{\partial y^2} + \dfrac{\partial^2}{\partial z^2}$。

(5) 连续性方程

由达西定律，通过土单元体 x, y, z 面上的单位流量分别为

$$\begin{cases} q_x = -\dfrac{k_x}{\gamma_w} \cdot \dfrac{\partial u}{\partial x} \\ q_y = -\dfrac{k_y}{\gamma_w} \cdot \dfrac{\partial u}{\partial y} \\ q_z = -\dfrac{k_z}{\gamma_w} \cdot \dfrac{\partial u}{\partial z} \end{cases} \quad (2.25)$$

式中　　k_x, k_y, k_z——分别为 x, y, z 方向上的渗透系数；

　　　　γ_w——水的重度。

根据土的连续性条件,即在固结过程中,单元土体在单位时间内排出的水量(流进和流出该单元土体的水量差)应等于土体体积的变化量,可写为

$$\frac{\partial}{\partial t}(\varepsilon_V \mathrm{d}x\mathrm{d}y\mathrm{d}z) = \frac{\partial(q_x \mathrm{d}y\mathrm{d}z)}{\partial x}\mathrm{d}x + \frac{\partial(q_y \mathrm{d}z\mathrm{d}x)}{\partial y}\mathrm{d}y + \frac{\partial(q_z \mathrm{d}x\mathrm{d}y)}{\partial z}\mathrm{d}z$$

推得
$$\frac{\partial \varepsilon_V}{\partial t} = \frac{\partial q_x}{\partial x} + \frac{\partial q_y}{\partial y} + \frac{\partial q_z}{\partial z} \tag{2.26}$$

将式(2.25)代入式(2.26)得

$$\frac{\partial \varepsilon_V}{\partial t} = -\frac{1}{\gamma_w}\left(k_x \frac{\partial^2 u}{\partial x^2} + k_y \frac{\partial^2 u}{\partial y^2} + k_z \frac{\partial^2 u}{\partial z^2}\right) \tag{2.27}$$

若土的各向渗透性相同,即 $k_x = k_y = k_z = k$,可将 ε_V 用位移进一步表示为

$$\frac{\partial \varepsilon_V}{\partial t} = -\frac{\partial}{\partial t}\left(\frac{\partial \bar{u}}{\partial x} + \frac{\partial \bar{v}}{\partial y} + \frac{\partial \bar{w}}{\partial z}\right) = -\frac{k}{\gamma_w}\left(\frac{\partial^2 u}{\partial x^2} + \frac{\partial^2 u}{\partial y^2} + \frac{\partial^2 u}{\partial z^2}\right) = -\frac{k}{\gamma_w}\nabla^2 u \tag{2.28}$$

即
$$-\frac{\partial}{\partial t}\left(\frac{\partial \bar{u}}{\partial x} + \frac{\partial \bar{v}}{\partial y} + \frac{\partial \bar{w}}{\partial z}\right) = -\frac{k}{\gamma_w}\nabla^2 u \tag{2.29}$$

这就是用位移和孔隙水压力表示的连续性方程。

(6) 固结方程

饱和土体中任一点孔隙水压力和位移随时间的变化,需同时满足平衡方程式(2.24)和连续性方程式(2.29),将这两个公式联立起来,就是最终的比奥固结方程。它是包含着四个偏微分方程的微分方程组,反映了土骨架变形与孔隙水压力消散(渗流)的相互耦合关系,因此也有人称之为流固耦合方程。其中所包含的四个未知变量 $u, \bar{u}, \bar{v}, \bar{w}$ 都是坐标 x, y, z 和时间 t 的函数,结合一定的初始和边界条件,可以对这四个变量进行求解。

3. 比奥二维固结方程

对于工程实践中常遇到的二维平面应变问题,在 xOz 平面内, $\varepsilon_y = 0, \gamma_{xy} = \gamma_{yz} = 0$,或 $\bar{u} = \bar{u}(x,z), \bar{v} = 0, \bar{w} = \bar{w}(x,z)$,则比奥方程可改写成

$$\begin{cases} -G\nabla^2 \bar{u} - \frac{G}{1-2\mu} \cdot \frac{\partial}{\partial x}\left(\frac{\partial \bar{u}}{\partial x} + \frac{\partial \bar{w}}{\partial z}\right) + \frac{\partial u}{\partial x} = 0 \\ -G\nabla^2 \bar{w} - \frac{G}{1-2\mu} \cdot \frac{\partial}{\partial z}\left(\frac{\partial \bar{u}}{\partial x} + \frac{\partial \bar{w}}{\partial z}\right) + \frac{\partial u}{\partial z} = -\gamma \\ \frac{\partial \varepsilon_V}{\partial t} = \frac{\partial}{\partial t}\left(\frac{\partial \bar{u}}{\partial x} + \frac{\partial \bar{w}}{\partial z}\right) = -\frac{k}{\gamma_w}\nabla^2 u \end{cases} \tag{2.30}$$

式中,拉普拉斯算子 $\nabla^2 = \frac{\partial^2}{\partial x^2} + \frac{\partial^2}{\partial y^2}$。

要得出上述比奥固结方程的解析解通常在数学上是比较困难的,其中只能对于某些情况如轴对称问题和平面应变问题中的简单情况采用级数和积分变换的方法导出其解析解,但是对于空间问题的土层及边界条件稍微复杂一些的情况,数学上便很难求得其解析解,因此比奥固结理论自建立以来始终没能得到广泛应用。现今随着计算机数值技术的进步,特别是有限元理论的发展,运用比奥固结理论有限单元法去分析工程问题可以较容易地处理各种复杂的边界条件和计算域。若将土体的弹性矩阵、渗透系数矩阵采用切线模量和变渗透系数表示更可处理土的非线性应力-应变关系以及非达西渗流问题,因此比奥固结理论有限单元法使比奥固结理论重现生机并极大地拓展了它的应用范围。

2.2.5 比奥固结理论与太沙基固结理论之间的关系

下面从两个方面对两种固结理论进行对比,以便更清楚地了解它们之间的区别和联系。

1. 建立方程的基本假定

(1) 比奥方程的简化形式

两种固结理论的前提假定基本一致,即都符合土体骨架线弹性、变形微小、渗流满足达西定律等条件。但有一条根本区别就是太沙基固结理论增加了一条假定:在固结过程中法向总应力之和 Θ 不随时间改变,即 $\Theta = \sigma_x + \sigma_y + \sigma_z = c$(常数)。比奥方程所推导的方式与太沙基方程稍有不同,但若增加这条假定,将会得出与太沙基方程完全一致的形式,下面将推导说明这一点。

由虎克定律式(2.22),将体积应变用有效应力表达后,对一维问题($\varepsilon_x = \varepsilon_y = 0$)、二维平面应变问题($\varepsilon_y = 0$)和三维空间问题可归纳为

$$\varepsilon_V = \frac{(1+2\mu)(1+\mu)}{1+(n-2)\mu} \cdot \frac{\Theta'}{E} \tag{2.31}$$

式中 n—— 所研究问题的维数;

E—— 土的弹性模量;

Θ'—— 法向有效应力之和。对一维问题 $\Theta' = \sigma'_x$,对二维平面问题 $\Theta' = \sigma'_x + \sigma'_z$,对三维空间问题 $\Theta' = \sigma'_x + \sigma'_y + \sigma'_z$。

根据有效应力原理
$$\Theta' = \Theta - nu \tag{2.32}$$

将式(2.32)代入式(2.31),再代入式(2.29),得到

$$\frac{\partial u}{\partial t} - \frac{1}{n} \cdot \frac{\partial \Theta}{\partial t} = C_V \cdot \nabla^2 u \tag{2.33}$$

其中
$$C_V = \frac{KE[1+(n-2)\mu]}{n\gamma_w(1-2\mu)(1+\mu)} \tag{2.34}$$

C_V 就是通常所说的固结系数,因为研究问题的维数不同,其固结系数也是不一样的。从式(2.33)可以看出,如果令 $\frac{\partial \Theta}{\partial t} = 0$,式(2.33)将变成

$$\frac{\partial u}{\partial t} = C_V \cdot \nabla^2 u \tag{2.35}$$

这就是太沙基方程公式。

由此,综上所述,可以说太沙基固结方程是比奥固结方程在土体法向总应力之和 Θ 不随时间而改变这一假定下的简化形式。

(2) 法向总应力之和 Θ 随时间变化

下面我们将进一步分析实际的土体法向总应力之和 Θ 是否是随时间而变化的。首先举一个简单例子,固结仪中的饱和土样在施加竖直向压力 p 后其应力的变化为:

$t = 0$ 时,有效应力 $\sigma'_x = \sigma'_y = \sigma'_z = 0$,孔隙水压力 $u = p$;

$t = \infty$ 时,$\sigma'_z = p, \sigma'_x = \sigma'_y = k_0 p, u = 0$,其中 k_0 为土的静止侧压力系数。

当然这是一个典型的一维固结问题,作为一维问题,$\Theta = \sigma_z$,在固结过程中保持不变。但也可以把一维问题看成是三维问题的一种特殊情况,根据 $\Theta = \sigma_x + \sigma_y + \sigma_z$,有:

$t = 0$ 时,$\Theta = 3u = 3p$;

$t = \infty$ 时，$\Theta = (1 + 2k_0)p$；

$t = 0 \sim \infty$ 时，显然 Θ 应该是不断变化的，由此看到即便对这一简单的情况，Θ 也不是一个常量。

接着用理论推导来详细说明 Θ 的变化。根据弹性力学三维问题的相容方程，考虑土体渗透体积力分别为 $-\frac{\partial u}{\partial x}, -\frac{\partial u}{\partial y}, -\frac{\partial u}{\partial z}$，可以推出：$\nabla^2 \Theta' = -\frac{1+\mu}{1-\mu} \nabla^2 u$。

将式(2.32)取 $n=3$ 代入上式，并利用式(2.29)，可得

$$\nabla^2 \Theta = \frac{2(1-2\mu)}{1-\mu} \nabla^2 u = \frac{2(1-2\mu)\gamma_w}{(1-\mu)K} \cdot \frac{\partial \varepsilon_V}{\partial t} \tag{2.36}$$

从式(2.36)可以看出，如果 $\nabla^2 \Theta$ 是常量而不随时间改变，则体积应变 ε_V 必须是时间 t 的线性函数，即 $\frac{\partial \varepsilon_V}{\partial t}$ 是常量，不随时间改变，这就意味着土体固结自始至终都是以等速率在压缩着，显然这与实际情况不符。实际情况是，在固结初期因水头梯度大，土体排水快，压缩快，$\frac{\partial \varepsilon_V}{\partial t}$ 大。后期孔隙水压力消散，水头梯度减缓，土体排水慢，压缩慢，$\frac{\partial \varepsilon_V}{\partial t}$ 变小。当到达固结压缩稳定时，$\frac{\partial \varepsilon_V}{\partial t}$ 近似为 0，此后才可认为 $\frac{\partial \varepsilon_V}{\partial t}$ 不随时间 t 而改变。由此可以得出，在土体固结过程中，$\frac{\partial \varepsilon_V}{\partial t}$ 是随时间 t 而改变的变量，由此则相容公式(2.36)等号左边的 $\nabla^2 \Theta$ 也必然随时间而改变，即 Θ 本身随时间变化才有可能，这也进一步说明了太沙基理论中 Θ 不随时间改变这条假定不能满足相容方程式(2.36)，其结果必将出现上述公式两端矛盾的情况，因此太沙基方程在二、三维问题上是有缺陷的。

如将本例仍作为一维问题看待，对一维问题有 $\Theta = \sigma_z$，因外荷不变，则 σ_z 也不变，Θ 不随时间变化，由式(2.33)可推得太沙基一维解答公式(2.35)为

$$\frac{\partial u}{\partial t} = C_V \cdot \nabla^2 u \tag{2.37}$$

式中 C_V——一维问题固结系数，由式(2.34)得 $n=1$ 时，$C_V = \frac{KE(1-\mu)}{\gamma_w(1-2\mu)(1+\mu)}$。

由此，可以看出在一维问题中，由比奥方程可转换为太沙基方程，两种理论的解答一样，因此可以说对于一维问题太沙基固结理论是精确的。

2. 孔隙水压力和位移的关系

正是因为在基本假定上存在区别，才导致两种固结理论在建立的方程上有所不同。太沙基假定总应力和 Θ 不变，使得方程中只含有孔隙水压力一个未知变量，在方程求解时孔隙水压力 u 仅取决于所求解问题的初始条件及边界条件。而比奥固结理论则没有作总应力和 Θ 不变的假定，它是包含了孔隙水压力和位移的联立方程组，这使得方程在求解时根本不能将应力或应变消去，只能把孔隙水压力的消散与土的位移紧密结合在一起来进行求解。对孔隙水压力和位移相互关联的问题，有时应用太沙基固结理论分析误差不大，但有些情况下则很可能出现错误的判断。比奥理论在求解孔隙水压力的同时也解出位移的变化，这种位移解答要比太沙基理论间接由孔隙水压力变化推求各个时刻的固结度，再由固结度去估算土体沉降更符合实际。

2.3 无黏性土的应力 – 应变特性

无黏性土是指砂土、沙砾、碎石及无可塑性的粉土,因它们不存在黏性或凝聚性,故又称为粒状土。在无黏性土中,砂土的各种应力应变特征最显著,因此一般均以砂土为无黏性土的典型代表来进行分析。同时因为干砂与排水条件下的砂土应力 – 应变特性基本一样,故本节将主要介绍排水和不排水条件下砂土的应力 – 应变特性。

2.3.1 砂土的强度机理

砂土强度的实验室测试方法一般采用直剪仪或三轴仪。当为干砂或需进行排水试验的饱和砂土时,以采用直剪仪较为方便。如对饱和砂土进行不排水试验时,宜采用三轴仪。不论试验方法如何,在常规压力下测得的砂土有效强度线是一条通过坐标原点的直线,即 $\tau = \sigma' \tan \varphi$,因此,砂土的抗剪强度是由有效法向应力和内摩擦角决定的。实际上 φ 值并不是一个常量,它是随土的密实程度而变化的。以往评价无黏性土密实度主要是根据天然状态下孔隙比 e 的大小,将其划分为松散的、中等密实的和密实的三种状态。当 $e < 0.6$ 时,属密实砂土;当 $e > 0.95$ 时,属松散砂土。但无黏性土的颗粒级配对于评定它的密实程度方面也起着很主要的作用,例如两个砂样虽然孔隙比 e 相同,但对于级配不良的土可能已经达到密实状态,而对于级配良好的土可能还属于中密或松散状态,因此考虑级配因素,在工程上提出了用相对密实度 D_r 来表示砂土的密实程度。按 D_r 值可将砂土的密实状态划分为三类:当 $0.67 < D_r \leq 1$ 时,属密实土;当 $0 < D_r \leq 0.33$ 时,属松散土;当 $0.33 < D_r \leq 0.67$ 时,属中密土。

砂土的抗剪强度可大致分成三部分,即由土粒接触面上的滑动摩擦提供的剪阻力、土体剪胀所产生的阻力和土粒的破碎、重新定向排列所需的剪阻力。

第一部分滑动摩擦存在于土粒表面之间,即在土体剪切过程中,剪切面上的土粒因接触面粗糙在颗粒发生相对移动时而产生的摩擦,它并不产生明显的体积膨胀,这部分摩阻力将构成砂土抗剪强度的主要部分。滑动摩擦角的大小取决于土粒的矿物成分,如石英砂的滑动摩擦角为 26°,长石和它差不多,而云母仅为 13.5°,砂粒的滑动摩擦角一般要小于砂土测试的内摩擦角。

第二部分是指砂土因剪胀所需能量而发展的强度,它主要产生于紧密砂中。如图 2.18(a) 所示,当紧密砂样受到剪切作用时,颗粒之间的咬合、连锁作用将受到破坏,由于土粒排列紧密,在剪力作用下,颗粒若要移动,必须要围绕相邻的土粒向上转动才能到达虚线所示的位置,从而造成土骨架的膨胀,常称这种现象为剪胀。土体膨胀所做的功,需要一部分剪力去抵偿,因而提高了土的抗剪强度。

实际上,土的剪切面并非理想的平整滑动面,而是沿着剪切方向连接颗粒接触点而形成的不规则波动面。在常规压力作用下,土粒本身强度大于颗粒之间的摩擦阻力,因此剪切面不可能穿过土粒本身,于是在剪力作用下,土粒只能沿着接触面提升错动并翻转,这种沿不规则波动面的移动,必然会牵动其邻近的所有颗粒,因此很难形成一个单一的剪切面,而是形成具有一定厚度的剪切扰动带。如为密砂,则整个剪切带因土粒转动会产生体积膨胀。对于松砂,则没有剪胀现象。

第三部分是指当砂土的原有结构受到剪切破坏后,土粒将出现破碎、重新定向排列。如图

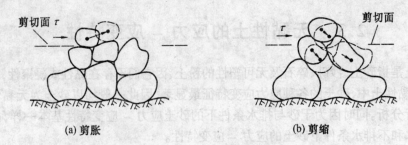

(a) 剪胀　　　　　　　　　　(b) 剪缩

图 2.18　砂土的剪胀和剪缩

2.18(b) 所示，在受剪时，当土的稳定排列破坏后砂粒将向下移动以达到更稳定的位置，导致其体积减小，这一特性常称为剪缩（负剪胀）。无论是密砂还是松砂，这种剪缩现象都是存在的，土粒的重新排列定向过程也需要消耗一部分剪切能，因此，增加了一部分强度。此外，粒状土在荷载作用下特别是在高围压力作用下，颗粒在接触点处容易出现应力集中，土颗粒挤碎现象会比较显著，因此也会继续引起颗粒的移动和重新定向排列的变形特性。颗粒的破碎和重新排列还会吸收大量能量，因此在压力特别是在高压力下的破坏也会增加土的抗剪强度。影响破碎的因素主要有：

(1) 土粒大小、形状和强度；
(2) 土的级配曲线和形状；
(3) 应力条件和剪应变的大小。

试验表明：粒状土的粒径越大、棱角越锐、强度越低、级配越均匀、主应力比 σ_1/σ_3 越大，土粒越容易压碎，其破坏量也越大。

就一种砂而言，无论是密砂还是松砂，其颗粒的滑动摩擦角都是一样的，两者在强度上的差异，主要是由于后面两部分，即克服咬合作用所需的剪阻力（剪胀）与土粒的破碎、重新定向排列所需的剪阻力效应所引起的。一般的，以上几种无黏性土的强度及应变机理很少是相互独立出现的，只不过在某些情况时某一项占主导地位。如密砂的强度变化主要是剪胀性起主导作用，而松砂则是受颗粒的重新定向和排列作用控制，以剪缩性为特征。

2.3.2　剪切条件下砂土的应力 - 应变特性

1. 砂土强度与孔隙比之间的关系 —— 临界孔隙比 e_{cr}

砂土的孔隙比是影响其强度的主要因素，在剪切过程中其剪应力与剪切位移之间的关系将随砂土的初始松紧程度的不同而变化。图 2.19 是在同一围压下对松、密两个标准砂样做三轴排水（CD）试验得到的剪应力、剪位移和强度的关系曲线。当为密实砂土（孔隙比 e 小或相对密度 D_r 大）时，剪切位移刚开始不久，剪应力就很快上升，不久达到峰值 A。此后随着剪位移的继续发展，剪应力有所下降，一直降到一个稳定值，一般称为剩余强度（残余强度）。对于松砂（孔隙比 e 大或相对密度 D_r 小），剪应力随剪位移的发展而缓慢提高，直到剪位移相当大时，剪应力才达到最大值 B，以后不再减小，其最大剪应力与密砂的剩余强度基本相等。在剪切试验中，为了确定砂土的强度，一般取其峰值所对应的最大剪应力作为破坏应力，故密砂所测出的内摩擦角 φ 要大于松砂，如图 2.19(b) 所示。值得注意的是，无黏性土的残余状态要经过很大的变形或应变后才能达到，所对应的残余强度对土体的稳定验算有现实意义。例如，若挡土墙后土中已出现剪裂面，则宜采用残余强度进行核算。

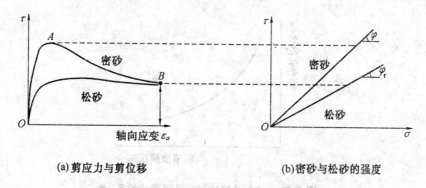

(a) 剪应力与剪位移　　　　(b) 密砂与松砂的强度

图 2.19　砂土剪应力、剪位移和强度的关系

如图 2.19(a) 所示，密砂的应力应变曲线属应变软化类型，密砂在剪切过程中出现峰值剪应力，与砂土在剪切过程中孔隙体积的变化有关。密砂在剪切时，首先孔隙有微小压缩，随后便是土的剪胀，体积膨胀(图 2.20)，密度降低(图 2.21)。剪胀的作用机理前面已经解释过，因膨胀做功需要能量，使剪应力很快提高到峰值，随后体积膨胀趋于停止，密度不断减小，砂粒重新排列，这时孔隙体积逐步稳定到某一个临界值，土只发生剪应变而不发生体应变，它对应的孔隙比称为临界孔隙比 e_{cr}，此时所对应的剪应力则称之为残余强度。对于松砂(图 2.19(a))，其应力应变曲线属应变硬化类型。因其土粒结构不稳定，孔隙较大，一旦受到剪切，孔壁土粒坍塌，孔隙收缩，即前面所述的剪缩现象，体积一直不断减小(图 2.20)，密度不断增大(图 2.21)。随着剪位移的发展，土粒位置逐步调整，孔隙略有回胀，以后的变化逐步趋于稳定，并趋向于临界孔隙比 e_{cr}，同时剪应力随着剪应变的发展逐步达到最大值。

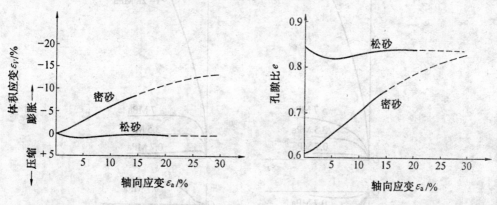

图 2.20　砂土体积变化和剪位移的关系　　图 2.21　临界孔隙比与剪位移的关系

砂土在剪切过程中是否出现剪胀或剪缩，主要取决于它的初始孔隙比 e_0。如果砂土的初始孔隙比正好等于其临界孔隙比 e_{cr}，则在剪切过程中，砂土体积基本无变化。对于一定类型的砂土来说，其临界孔隙比也不是固定不变的，它随压力(或围压)的大小而变。当围压增高时，e_{cr} 值降低，反之则提高，如图 2.22 所示。临界孔隙比 e_{cr} 对研究地基振动液化也有重要意义，它可用作判断砂土地基在动力荷载作用下有无液化的可能。因为对于一定类型的砂土，在一定的地层自重压力下，必有其相应的 e_{cr} 值，当砂土的天然孔隙比大于临界孔隙比时，则在振动作用下，砂土孔隙比将发生剪缩。如果砂土是饱和的，孔隙水压力将大大提高，使地基产生液化，从而丧失承载力。

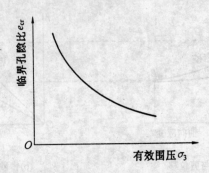

图 2.22　临界孔隙比与有效围压的关系

2. 高压下的砂土强度

前面所述的都是低压情况下的砂土强度,其压力均小于 1 MPa,相当于一般建筑物的基底压力,这时的内摩擦角 φ 一般取定值,强度线为直线。在一些大型工程(如高土石坝、钢筋混凝土坝、深基础、隧道及地下工程)中,土体所受压力很高,可达 10 MPa 或更高,在这种情况下,密砂的应力 – 应变 – 体变特征和松砂在低侧压下的特征极为相似,土的内摩擦角将减小为残余内摩擦角 φ_r,如果还按照中、低压力下的试验结果外推取值,其结果是不安全的,所以研究高压力作用下土体的剪切特性对于实际工程具有现实意义。图 2.23 为砂土的高压三轴排水试验结果,它的应力 – 应变 – 体变曲线的特征可总结为:

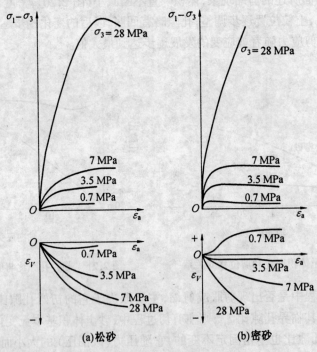

图 2.23　高压三轴排水试验结果

(1) 密砂在高压下受剪时的应力 – 应变 – 体变特征和松砂在低围压下的特征类似,脆性减弱,剪胀消失。

(2) 不论砂土松紧程度如何,破坏时体积应变 ε_V 和轴向应变 ε_a 都随围压的增加而稳定增加。

如图 2.24 所示,当压力超过 1 MPa 时(相当于重大建筑物基底压力),如果是密实砂土,则强度线将开始向下弯曲。这是因为随着作用于颗粒间的有效法向应力增大,土粒上抬翻转越来越困难,所以剪胀现象随着压力提高而逐步减小,最后完全消失,抗剪强度线表现为出现向下偏转弯曲。同时随着围压力的增加,颗粒挤碎作用逐渐加大影响,在中等压力范围内,挤碎作用部分可补偿已经降低了的剪胀作用,但不能阻止强度包线因剪胀作用的削弱而形成的平缓现象。挤碎的土粒还会导致砂土原有级配的改变,将有较多的细颗粒去填充较粗颗粒所形成的空隙。因此,即使制备的砂土相对密度已达到了 100%,在高围压作用下其体积仍会减小,此时不论是松砂还是密砂,都表现为剪缩,抗剪强度特征已经和初始(天然)孔隙比 e_0 的大小无关。当压力接近 10 MPa 时,强度线稍有翘起并开始变为直线,其延长线通过原点,内摩擦角已减小到残余内摩擦角 φ_r。出现这种现象的原因是在高压作用下,因土粒挤碎和重新定向排列需要大量能量,于是包线不再变缓而近乎直线上翘,它的内摩擦角 φ 也趋于稳定。至于松砂,因为没有剪胀现象,其强度线始终是直线,不随压力增大而变化,内摩擦角为 φ_r,与高压力情况下密砂的内摩擦角相同,因此在高压力作用下砂土的抗剪强度和砂土初始孔隙比 e_0 无关。

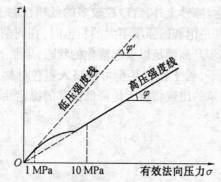

图 2.24 高压下密实砂土的强度线

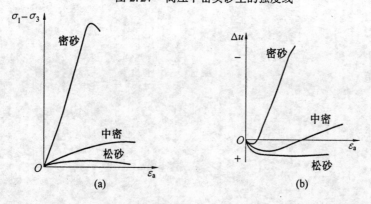

图 2.25 砂土不排水剪切的应力 – 应变 – 孔隙水压力变化曲线

2.3.3 不排水剪切条件下砂土的应力 – 应变特性

不排水剪切试验的特点是剪切时不让土样排水,控制其总体积固定不变,突出表现就是土中孔隙水压力将随之发生变化。当土的体积有膨胀的趋势但受不排水限制不让其膨胀时,土中将产生负孔隙水压力,这相应的将使得作用于土骨架上的有效应力增加,从而使土体膨胀的趋势与因有效应力增加而引起的收缩趋势互相平衡,使得土体体积保持不变。相反,当土体有收缩的趋势而不排水控制其体积不变时,则土体内部将产生正孔隙水压力,以减小作用于土骨架上的有效应力,这样因为土体的收缩趋势与因有效应力减小而引起的土体膨胀趋势互相平衡,从而保持土体体积不变。根据上述作用机理,如图 2.25 所示,密砂在不排水条件下受剪切,开始时产生正的孔隙水压力,但很快就变成负的孔隙水压力。负的孔隙水压力将增加土骨架的有效应力,使土样承受剪应力的能力提高,所以应力－应变曲线几乎是直线上升,直至破坏为止。而松砂在剪切时有收缩的趋势,孔隙水压力不断增加直至达到稳定值。相应土中的有效应力不断减小,土体强度不断降低。若有效应力将至为零,则砂土将会发生流动,常把这种饱和砂土在动荷载作用下,其强度全部丧失而会像流体一样流动的现象称为液化现象。总之,饱和砂土在不排水条件下受剪切,体变的趋势将转化为孔隙水压力的变化。

  在实际工程中,当外荷的变化速率比它诱发的孔隙水压力消散速率快得多时,就很容易产生不排水条件。由于砂土透水性强,在静荷载条件下它的不排水强度对土的实际影响意义不大。但是当饱和松砂受到动荷载的作用(如地震作用等)时,由于动荷载作用的时间相对短暂,砂土中的孔隙水来不及排出(如大体积的松砂),因此,在反复的动剪力作用下,孔隙水压力就不断增加,直至砂土液化发生。除砂土外,含砂粒较多的低塑性黏土和粉土都有可能发生类似的液化现象。例如当道路路基是饱和的强度不大的粉土时,在周期性交通荷载的反复作用下,地基土的孔隙水压力可能逐步升高到足以引起液化的状态,导致土的强度降低。在孔隙水压力骤增所引起的渗透压力作用下,粉土颗粒甚至可以挤入粗粒材料,严重时可在粗粒的表面冒出,该现象常称为"翻浆",翻浆的出现将极大地降低路基的稳定性和增加道路的变形。

第3章 土的弹塑性模型

土体在受到外力作用时(如基底压力),其内部各土粒间的相对位置将有变化,与此同时,土粒间相互作用的力也发生变化。由于外力作用,对应在土体内部的内力改变量称为"附加内力",简称为内力。在剖面上其内力分布是不均匀的,常用单位面积的分布集度衡量,即为应力。在外力作用下,任意相邻两土粒间距离或两平面的夹角发生变化,由于各点的变形程度不同,其单位长度的伸长或缩短称为线应变。常将研究对象的边长缩短至无穷小,称之为单元体,对应外力作用下,单元体任意两边之间所夹的直角,变形后发生的微小角度改变为称剪应变。弹性理论描述应力 - 应变关系的基本定律之一为虎克定律与广义虎克定律。

土体是地质历史的产物,自地表起三个方向的坐标轴趋于无穷,占有三维空间。可以假想该材料内部为无数个平行六面体和无数个四面体组成,考虑这些单元体的平衡,单元体之间变形必须协调,由此可得到描述空间应力 - 应变关系的一系列微分方程组,这时应用的广义虎克定律为线弹性理论,在弹性理论中得出非线性微分方程为非线性弹性理论,如果土体中应力超过弹性极限,应力应变不是线性关系,处于塑性状态,则需应用塑性理论求解,本章将分别简介以上各种理论在土力学中的应用。

3.1 土中一点的应力应变状态及表达方法

3.1.1 一点的应力状态

土中任意一点可用无限小立方单元体表示,由弹性理论可知,作用在该单元体这六个面上的应力分量 $\sigma_x, \sigma_y, \sigma_z, \tau_{xy}, \tau_{yx}, \tau_{xz}, \tau_{zx}, \tau_{zy}, \tau_{yz}$ 即代表该点处的应力状态,如图 3.1(a) 所示。这九个分量的大小不仅与该点的受力情况有关,而且也与 x, y, z 坐标轴的方向有关,故在土体中的一点应力状态可由下列应力张量表示为

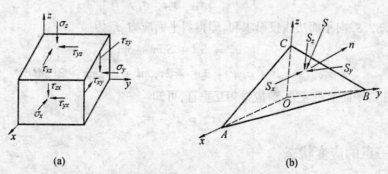

图 3.1 土中一点应力状态

$$S = \sigma_{ij} = \begin{pmatrix} \sigma_x & \tau_{xy} & \tau_{xz} \\ \tau_{yx} & \sigma_y & \tau_{yz} \\ \tau_{zx} & \tau_{zy} & \sigma_z \end{pmatrix} \tag{3.1}$$

该张量的排列特点是每一行应力分量第一下脚标字母相同,代表该行各应力的作用方向与第一下脚标表示的坐标轴方向平行,而各列的应力分量第二下脚标相同,表示各应力分量作用在它该脚标表示的坐标轴为法线的同一平面内。正应力排列在主对角线上,数值相等的剪应力排列在以对角线为轴的对称位置上,该方形矩阵称为应力张量。因此,排在第一、二、三行的应力第一下标是相同的,在同一列中的后一个下标也是相同的,即 x,y,z。当改变坐标轴的方向,虽然截取出一新正六面体上的应力与原来的不同,但由新的分量所组成的行列式与原来所对应的行列式数值相同。故一般来说,如果已知一点的应力张量,这点的应力状态也就完全确定了。

式(3.1) 中,$\sigma_x,\sigma_y,\sigma_z$(或 $\sigma_{11},\sigma_{22},\sigma_{33}$)为垂直于坐标轴 x,y,z 的平面上的法向应力(又称正应力),而 $\tau_{xy},\tau_{yz},\tau_{zx}$(或 $\sigma_{12},\sigma_{23},\sigma_{31}$)则是这些平面上剪应力,第一下标表示剪应力的指向,第二下标表示其作用面的法线方向。由于剪应力的互等性,故式(3.1) 为对称张量。应当指出,在土中很少发生拉应力,而大多数情况是发生压应力,按照土力学的习惯压应力的符号规定为正,而拉应力为负。

已知土体中一点处的应力分量大小和方向,计算外法线方向为 n 的斜面 ABC(图 3.1(b))上的法向应力 σ_n 与剪应力 τ_n。如以 l,m,n 表示此平面法线的方向余弦,则 $l = \cos(n.x)$、$m = \cos(n.y)$、$n = \cos(n.z)$。作用于该 ABC 斜平面上的某应力矢量 S 在三个坐标轴上的分量为 S_x,S_y,S_z,由平衡条件可得

$$\left. \begin{array}{l} S_x = \sigma_x l + \tau_{xy} m + \tau_{xz} n \\ S_y = \tau_{yx} l + \sigma_y m + \tau_{yz} n \\ S_z = \tau_{zx} l + \tau_{zy} m + \sigma_z n \end{array} \right\} \tag{3.2}$$

如采用张量符号,式(3.2) 可写成

$$\begin{Bmatrix} S_x \\ S_y \\ S_z \end{Bmatrix} = \begin{pmatrix} \sigma_x & \tau_{xy} & \tau_{xz} \\ \tau_{yx} & \sigma_y & \tau_{yz} \\ \tau_{zx} & \tau_{zy} & \sigma_z \end{pmatrix} \begin{Bmatrix} l \\ m \\ n \end{Bmatrix} \tag{3.3}$$

将 S_x,S_y,S_z 向平面法线投影求和,即得斜平面应力 σ_n 为

$$\sigma_n = S_x l + S_y m + S_z n$$

$$\sigma_n = \sigma_x l^2 + \sigma_y m^2 + \sigma_z n^2 + 2\tau_{xy} ml + 2\tau_{yz} mn + 2\tau_{zx} nl \tag{3.4}$$

由于在斜平面上正应力、剪应力相互垂直,可知

$$\tau_n^2 = s^2 - \sigma_n^2 \tag{3.5}$$

3.1.2 一点的应变状态

由于土木构筑物(房屋、桥梁、路基、坝体)的基础底面处作用上部结构的总荷载,该荷载相对于受力的土层即为外荷载。在该荷载作用下,土中一点在 x,y,z 三个方向产生变形值 u,v,w。其单位长度的变形值即为应变,由弹性理论可知应变求解为

$$\left.\begin{array}{l}\varepsilon_x = \frac{\partial u}{\partial x}, \varepsilon_y = \frac{\partial v}{\partial y}, \varepsilon_z = \frac{\partial w}{\partial z} \\ \gamma_{xy} = \frac{\partial u}{\partial y} + \frac{\partial v}{\partial x}, \gamma_{yz} = \frac{\partial v}{\partial z} + \frac{\partial w}{\partial y}, \gamma_{zx} = \frac{\partial w}{\partial x} + \frac{\partial u}{\partial z} \\ \varepsilon_{xy} = \frac{1}{2}\gamma_{xy}, \varepsilon_{yz} = \frac{1}{2}\gamma_{yz}, \varepsilon_{zx} = \frac{1}{2}\gamma_{zx}\end{array}\right\} \quad (3.6)$$

式中 $\varepsilon_x, \varepsilon_y, \varepsilon_z$——分别为对应于 x, y, z 轴方向的线应变；

$\gamma_{xy}, \gamma_{yz}, \gamma_{zx}$——当变形前分别平行于 x 及 y 轴的两垂直的线段,在变形后两线段间直角减小的角度为角应变分量；

$\varepsilon_{xy}, \varepsilon_{yz}, \varepsilon_{zx}$——纯剪应变。

应变张量同样也是对称张量,可用矩阵表示如下

$$\varepsilon_{ij} = \begin{Bmatrix} \varepsilon_x & \varepsilon_{xy} & \varepsilon_{zx} \\ \varepsilon_{yx} & \varepsilon_y & \varepsilon_{yz} \\ \varepsilon_{zx} & \varepsilon_{zy} & \varepsilon_z \end{Bmatrix} \quad (3.7)$$

3.1.3 体积形变

土中一点单元体的三个方向形变时,必然引起其体积形变,如该微小单元体的边长是 dx, dy, dz,在变形后,它的体积为 $(dx + \varepsilon_x dx)(dy + \varepsilon_y dy)(dz + \varepsilon_z dz)$。因此,它的每单位体积的应变为

$$\begin{aligned}\varepsilon_V &= \frac{(dx + \varepsilon_x dx)(dy + \varepsilon_y dy)(dz + \varepsilon_z dz) - dxdydz}{dxdydz} = \\ &\quad (1 + \varepsilon_x)(1 + \varepsilon_y)(1 + \varepsilon_z) - 1 = \\ &\quad \varepsilon_x + \varepsilon_y + \varepsilon_z + \varepsilon_y\varepsilon_z + \varepsilon_z\varepsilon_x + \varepsilon_x\varepsilon_y + \varepsilon_x\varepsilon_y\varepsilon_z\end{aligned} \quad (3.8)$$

因为我们只考虑微小变形,所以两个或三个应变分量的乘积可以略去不计,从而得到

$$\varepsilon_V = \varepsilon_x + \varepsilon_y + \varepsilon_z \quad (3.9)$$

将式(3.6)中的前三式代入,得

$$\varepsilon_V = \frac{\partial u}{\partial x} + \frac{\partial v}{\partial y} + \frac{\partial w}{\partial z} \quad (3.10)$$

3.1.4 应力与应变的关系(广义虎克定律)

当外部荷载在土体中产生小变形时,假设土体为弹性材料,可用弹性力学中的虎克定律求解土中的应力与变形值,即

$$\left.\begin{array}{l}\varepsilon_x = \frac{1}{E}[\sigma_x - \mu(\sigma_y + \sigma_z)] \\ \varepsilon_y = \frac{1}{E}[\sigma_y - \mu(\sigma_z + \sigma_x)] \\ \varepsilon_z = \frac{1}{E}[\sigma_z - \mu(\sigma_x + \sigma_y)] \\ \gamma_{xy} = \frac{1}{G}\tau_{xy}, \gamma_{yz} = \frac{1}{G}\tau_{yz}, \gamma_{zx} = \frac{1}{G}\tau_{zx}\end{array}\right\} \quad (3.11)$$

式中 G——剪切模量，$G = \dfrac{E}{2(1+\mu)}$。

在弹性力学中还有一个常用的弹性常数，即弹性体积模量 K 为

$$K = \frac{E}{3(1-2\mu)} \tag{3.12}$$

在静水压力 $p = \sigma_x = \sigma_y = \sigma_z$ 作用下，应力 p 与体积应变 ε_V 之间存在着这样的关系，即

$$p = K\varepsilon_V \tag{3.13}$$

在研究某些土力学问题时，用 K 和 G 两个弹性常数替代 E 和 μ，有时感到方便些。K 和 G 两值，都可通过适当试验直接测定。E 和 μ 值也可利用下列公式从 K，G 值反算，即

$$E = \frac{9KG}{3K+G}, \mu = \frac{3K-2G}{2(3K+G)} \tag{3.14}$$

事实上，土的应力-应变关系不是线性的，即 E，μ 不是常数，因此在工程中应用广义虎克定律时，常用实时演化的方法给予解决。由于工程荷载是逐级分段（例如每层房屋荷载）增加的，因而可用增量的概念描述逐级荷载下不相同 E，μ 值时，由微小应力增量 $\delta\sigma_x$ 引起的相应的应变增量 $\delta\varepsilon_x$，此时弹性常数是与应力相关的函数，这就是

$$\left.\begin{array}{l} \delta\varepsilon_x = \dfrac{1}{E}[\delta\sigma_x - \mu(\delta\sigma_y + \delta\sigma_z)] \\[4pt] \delta\varepsilon_y = \dfrac{1}{E}[\delta\sigma_y - \mu(\delta\sigma_x + \delta\sigma_z)] \\[4pt] \delta\varepsilon_z = \dfrac{1}{E}[\delta\sigma_z - \mu(\delta\sigma_x + \delta\sigma_y)] \end{array}\right\} \tag{3.15}$$

上述关系式可写成

$$\begin{Bmatrix} \delta\sigma_x \\ \delta\sigma_y \\ \delta\sigma_z \\ \delta\tau_{xy} \\ \delta\tau_{yz} \\ \delta\tau_{zx} \end{Bmatrix} = [D] \begin{Bmatrix} \delta\varepsilon_x \\ \delta\varepsilon_y \\ \delta\varepsilon_z \\ \delta\gamma_{xy} \\ \delta\gamma_{yz} \\ \delta\gamma_{zx} \end{Bmatrix} \tag{3.16}$$

其中 $[D]$ 称为弹性矩阵，有

$$[D] = \frac{E(1-\mu)}{(1+\mu)(1-2\mu)} \begin{bmatrix} 1 & \dfrac{\mu}{1-\mu} & \dfrac{\mu}{1-\mu} & 0 & 0 & 0 \\ \dfrac{\mu}{1-\mu} & 1 & \dfrac{\mu}{1-\mu} & 0 & 0 & 0 \\ \dfrac{\mu}{1-\mu} & \dfrac{\mu}{1-\mu} & 1 & 0 & 0 & 0 \\ 0 & 0 & 0 & \dfrac{1-2\mu}{2(1-\mu)} & 0 & 0 \\ 0 & 0 & 0 & 0 & \dfrac{1-2\mu}{2(1-\mu)} & 0 \\ 0 & 0 & 0 & 0 & 0 & \dfrac{1-2\mu}{2(1-\mu)} \end{bmatrix}$$

$$\tag{3.17}$$

或

$$[D] = \begin{pmatrix} K+\dfrac{4}{3}G & K-\dfrac{2}{3}G & K-\dfrac{2}{3}G & 0 & 0 & 0 \\ K-\dfrac{2}{3}G & K+\dfrac{4}{3}G & K-\dfrac{2}{3}G & 0 & 0 & 0 \\ K-\dfrac{2}{3}G & K-\dfrac{2}{3}G & K+\dfrac{4}{3}G & 0 & 0 & 0 \\ 0 & 0 & 0 & G & 0 & 0 \\ 0 & 0 & 0 & 0 & G & 0 \\ 0 & 0 & 0 & 0 & 0 & G \end{pmatrix} \quad (3.18)$$

将应力－应变关系写成张量公式,有

$$\delta\sigma_{ij} = D_{ijkl}\delta\varepsilon_{ij} \quad (3.19)$$

式中 D_{ijkl}—— 弹性张量。

利用有限单元法的增量法和上述公式即可进行土工构筑物和地基的应力与变形分析。

3.2 土的屈服破坏准则

在荷载作用下,土中应力由小逐渐增大,其变形由弹性变形逐渐发展至塑性变形,其弹性与塑性变形之和为总变形。当材料受力变形开始出现塑性变形,$\delta-\varepsilon$关系呈非线性时,应力或应变所必须满足的条件称为屈服准则,当理想弹塑材料进入无限塑性变形时,即为破坏。

3.2.1 空间应力与应变

1. 八面体应力

以三个主应力 $\sigma_1,\sigma_2,\sigma_3$ 作为坐标轴构成三维应力空间,该空间中任意点 P 与坐标原点 O 的坐标向量 $\overrightarrow{OP}$ 即可表示空间任意一点的应力状态,如图 3.2(b) 所示。通过该坐标系原点并与各坐标轴有相同夹角的直线即为空间对角线或 λ 线。

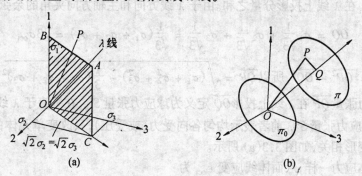

图 3.2 主应力空间

该 λ 线上的各点数值为

$$\sigma_1 = \sigma_2 = \sigma_3 \quad (3.20)$$

其方向余弦相等,即 $l = m = n$,又因 $l^2 + m^2 + n^2 = 1$,则 $l = m = n = \pm 1/\sqrt{3}$,即夹角为:$\arccos(\pm 1/\sqrt{3}) = 54°74'$。

对称平面 BOC 上,其纵坐标为 σ_1,横坐标为 $\sqrt{\sigma_2^2 + \sigma_3^2} = \sqrt{2}\sigma_3 = \sqrt{2}\sigma_2$,如图 3.2(a) 所示。

此时只有应力球形张量 $\sigma_1 = \sigma_2 = \sigma_3 = \sigma_m = \frac{1}{3}(\sigma_1 + \sigma_2 + \sigma_3)$,这是各向等压的球应力状态。在应力空间中,它的轨迹是经过坐标原点并且与坐标轴有相同夹角的直线称空间对角线或 λ 线,如图 3.2(a) 所示。

如某斜面的法线 n 与三个应力主轴 1,2,3 成相等的夹角,则该面的法线与 λ 线重合,这样的八个等斜面形成一个正八面体,如图 3.3(b) 所示,在这些面上的应力称为八面体应力。其平面上法线的方向余弦为 $l = m = n = \pm 1/\sqrt{3}$,将这些值代入式(3.4),令 $\sigma_x = \sigma_1, \sigma_y = \sigma_2, \sigma_z = \sigma_3$,则得到八面体上法向应力为

$$\sigma_{\text{oct}} = \sigma_n = \frac{1}{3}(\sigma_1 + \sigma_2 + \sigma_3) \tag{3.21}$$

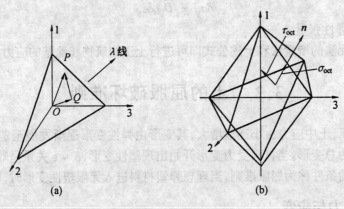

图 3.3　正八面体应力

八面体上的剪应力为

$$\tau_{\text{oct}} = \frac{1}{3}\sqrt{(\sigma_1 - \sigma_2)^2 + (\sigma_2 - \sigma_3)^2 + (\sigma_3 - \sigma_1)^2} \tag{3.22}$$

如图 3.3(a) 所示,应力空间中任一应力向量 $\overrightarrow{OP}$ 在 λ 线上的分量即投影 $\overrightarrow{OQ}$,等于 P 点坐标向量 $(\sigma_1, \sigma_2, \sigma_3)$ 在 λ 线上投影分量之和。由于 λ 线方向和主轴方向夹角的余弦都为 $1/\sqrt{3}$,故

$$OQ = \sigma_1 \frac{1}{\sqrt{3}} + \sigma_2 \frac{1}{\sqrt{3}} + \sigma_3 \frac{1}{\sqrt{3}} = \frac{1}{\sqrt{3}}(\sigma_1 + \sigma_2 + \sigma_3) = \sqrt{3}\sigma_{\text{oct}}$$

又因 $\overrightarrow{QP}^2 = \overrightarrow{OP}^2 - \overrightarrow{OQ}^2$,所以 $\overrightarrow{QP} = \sqrt{(\sigma_1^2 + \sigma_2^2 + \sigma_3^2) - \frac{1}{3}(\sigma_1 + \sigma_2 + \sigma_3)^2} = \sqrt{3}\tau_{\text{oct}}$。

我们将应力张量 $\overrightarrow{QP}$ 在 λ 线上投影 $\overrightarrow{OQ}$ 定义为球应力张量 S''_{ij},在垂直于 λ 线上 π 平面上投影 $\overrightarrow{QP}$ 定义为偏应力张量 S'_{ij}。前者表示均匀各向受力(或受压),只改变单元体的体积,后者与土体塑性剪切变形相关,如图 3.3(a) 所示。

如同八面体应力一样,八面体线应变 ε_{oct} 为

$$\varepsilon_{\text{oct}} = \frac{1}{3}(\varepsilon_1 + \varepsilon_2 + \varepsilon_3) = \frac{1}{3}\varepsilon_V \tag{3.23}$$

八面体剪应变 γ_{oct} 为

$$\gamma_{\text{oct}} = \frac{2}{3}\sqrt{(\varepsilon_1 - \varepsilon_2)^2 + (\varepsilon_2 - \varepsilon_3)^2 + (\varepsilon_3 - \varepsilon_1)^2} \tag{3.24}$$

由于土体中一点的强度破坏是由于剪应力大于土体极限抗剪强度而产生,因此产生剪应

力的应力偏量是土塑性力学中重要求解内容。为使运算与书写更简便,常用 p,q 表示主应力。

$$p = \frac{1}{3}(\sigma_1 + \sigma_2 + \sigma_3); q = \frac{1}{\sqrt{2}}[(\sigma_1 - \sigma_2)^2 + (\sigma_2 - \sigma_3)^2 + (\sigma_3 - \sigma_1)^2]^{\frac{1}{2}} \quad (3.25)$$

2. 洛德(Lode)应力参数与洛德角

洛德在试验研究中,根据试验现象得出反映中主应力影响的洛德应力参数,表示应力偏量特征量的洛德应力角。

(1) 洛德应力参数

设已知主应力 $\sigma_1,\sigma_2,\sigma_3$,画莫尔应力圆, $OP_1 = \sigma_1, OP_2 = \sigma_2, OP_3 = \sigma_3$,以 P_1P_2, P_2P_3, P_1P_3 为直径画三个圆,如图3.4(a)所示,图中各应力圆的半径为主剪应力 τ_1, τ_2, τ_3。若将图 3.4(a) 中坐标原点 O 移至新坐标的 O' 点,则

$$OO' = \frac{\sigma_1 + \sigma_2 + \sigma_3}{3} = \sigma_m \quad O'P_1 = \sigma_1 - \sigma_m = S_1$$

$$O'P_2 = \sigma_2 - \sigma_m = S_2 \quad O'P_3 = \sigma_3 - \sigma_m = S_3$$

由此所得移轴后应力圆即是描述应力偏量的应力圆,如图 3.4(b) 所示。

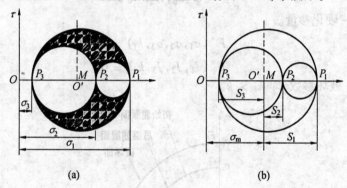

图 3.4 莫尔圆

若以 M 表示 P_1P_3 的中点,则 $MP_1 = \frac{1}{2}(\sigma_1 - \sigma_3), MP_2 = \frac{1}{2}(2\sigma_2 - \sigma_1 - \sigma_3)$。

若考虑到中间主应力 σ_2 对屈服函数的影响,可由 MP_2 与 MP_1 之比确定 σ_2 的相对位置,其比值用洛德参数 μ_σ 表示。

若主应力次序为 $\sigma_1 \geq \sigma_2 \geq \sigma_3$,则

$$\mu_\sigma = \frac{MP_2}{MP_1} = \frac{2\sigma_2 - \sigma_1 - \sigma_3}{\sigma_1 - \sigma_3} = 2\frac{\sigma_2 - \sigma_3}{\sigma_1 - \sigma_3} - 1 \quad (3.26)$$

或

$$\sigma_2 = \frac{1}{2}(\sigma_1 + \sigma_3) + \mu_\sigma \frac{1}{2}(\sigma_1 - \sigma_3) \quad (3.27)$$

(2) 洛德应力角

洛德应力角 θ_σ 的正切值与洛德应力参数值的关系为

$$\tan \theta_\sigma = \frac{1}{\sqrt{3}} \frac{2\sigma_2 - \sigma_1 - \sigma_3}{\sigma_1 - \sigma_3} = \frac{1}{\sqrt{3}} \mu_\sigma \quad (3.28)$$

利用这两个参数,可以反映土体的不同受力状态:

纯拉时, $\sigma_2 = \sigma_3 = 0, \sigma_1 = \sigma_s, \mu_\sigma = -1, \theta_\sigma = -30°$;

纯剪时, $\sigma_2 = 0, \sigma_1 = \tau, \sigma_3 = -\tau, \mu_\sigma = 0, \theta_\sigma = 0°$;

纯压时，$\sigma_1 = \sigma_2 = 0, \sigma_3 = -\sigma_c, \mu_\sigma = 1, \theta_\sigma = 30°$；

3.2.2 土的屈服破坏准则

对于正常固结黏土及松砂，在加载过程中（图 3.5），屈服面 Y_1Y_2 所包围范围内为弹性应变，随着荷载的提高与变形的增大，应力空间中的屈服面以相似形状不断扩大，最初出现的屈服面，称为初始屈服面，由式(3.29)表示。该数学表达式为初始屈服条件，即屈服准则。对于应变硬化材料（松砂）在产生塑性变形后，材料的屈服应力提高，形成后继屈服面 G_1G_2，这种不断变化的屈服条件称为加载条件，荷载的继续增加，后继屈服面连续扩大，直到破坏面 F_1F_2，当空间应力点落在 F_1F_2 面上时，材料破坏。此破坏准则与屈服准则数学表达式相同，只是参数变为破坏参数，即

$$F(\sigma_x, \sigma_y, \sigma_z, \tau_{xy}, \tau_{yz}, \tau_{zx}, k) = 0 \tag{3.29}$$

式中　F——屈服函数；

　　　k——反映材料塑性特征的试验常数。

$$\Phi(\sigma_{ij}, H_\alpha) = 0$$

式中　H_α——硬化参量。

或

$$\left.\begin{array}{l} F^*(\sigma_1, \sigma_2, \sigma_3, k_f) = 0 \\ F^*(I_1, J_2, J_3, k_f) = 0 \end{array}\right\} \tag{3.30}$$

式中　k_f——破坏参数，即 $k_f > k$。

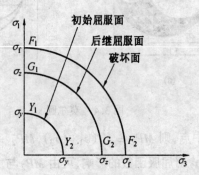

图 3.5　屈服面、破坏面

由弹塑理论可知，公式中 I_1, J_2, J_3 为应力不变量，偏应力不变量，具体求解如下

$$\left.\begin{array}{l} I_1 = \sigma_1 + \sigma_2 + \sigma_3 \\ I_2 = \sigma_1\sigma_3 + \sigma_2\sigma_3 + \sigma_3\sigma_1 \\ I_3 = \sigma_1\sigma_2\sigma_3 \end{array}\right\} \tag{3.31}$$

J_2 为第二偏应力不变量，即

$$J_2 = \frac{1}{6}[(\sigma_1 - \sigma_2)^2 + (\sigma_2 - \sigma_3)^2 + (\sigma_3 - \sigma_1)^2] \tag{3.32}$$

J_3 为第三偏应力不变量，即

$$J_3 = \frac{1}{27}(2\sigma_1 - \sigma_2 - \sigma_3)(2\sigma_2 - \sigma_1 - \sigma_3)(2\sigma_3 - \sigma_1 - \sigma_2) \tag{3.33}$$

目前国内外学者对屈服破坏准则提出了各种理论，主要有以下几种。

1. 特雷斯卡(Tresca)准则

该准则是最大剪应力达到材料抵抗能力时发生破坏,而最大剪应力 $\tau_{\max} = \dfrac{\sigma_1 - \sigma_3}{2}$。因此,该准则为

$$\frac{\sigma_1 - \sigma_3}{2} = k_f \tag{3.34}$$

如果主应力的大小不确定,可写成

$$\left(\frac{\sigma_1 - \sigma_3}{2} - k_f\right)\left(\frac{\sigma_2 - \sigma_1}{2} - k_f\right)\left(\frac{\sigma_3 - \sigma_2}{2} - k_f\right)\left(\frac{\sigma_3 - \sigma_1}{2} - k_f\right)\left(\frac{\sigma_1 - \sigma_2}{2} - k_f\right)\left(\frac{\sigma_2 - \sigma_3}{2} - k_f\right) = 0 \tag{3.35}$$

它在主应力空间内是以空间对角线为中心轴的正六角柱面。式(3.35)也可用应力不变量来表示,即

$$4J_2^3 - 27J_3^2 - 36k_f^2 J_2^2 + 96k_f^4 J_2 - 64k_f^6 = 0 \tag{3.36}$$

如图3.6(a)所示,在主应力空间内,这个屈服面为三对相互平行的平面组成,是垂直于 π 平面的一个正六面柱体,如图3.6(c)所示。

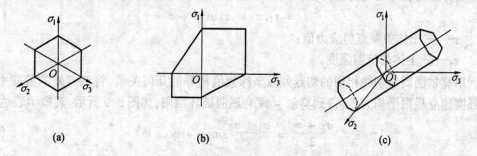

图3.6 特雷斯卡准则

2. 米色斯(Mises)准则

该准则是指材料中八面体剪应力达到材料弹性极限时,材料开始屈服,其屈服条件是:$\tau_{oct} = k = $ 常数。

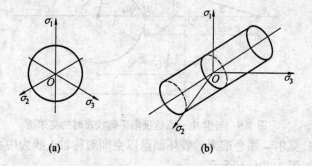

图3.7 米色斯准则

因此,在 π 平面上米色斯准则必定为一圆,如图3.7(a)所示。在主应力空间是一个以空间对称轴 λ 线为中心线的正圆柱体,如图3.7(b)所示。

以上两准则,均只考虑黏聚力,没有考虑内摩擦角 φ,具有饱和黏土的特点。在此基础上提出广义特雷斯卡、广义米色斯准则,主应力空间为棱锥面与圆锥面,如图3.8所示。

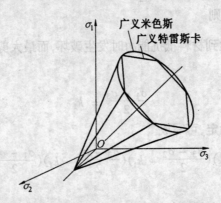

图 3.8 广义特雷斯卡和米色斯准则

3. 莫尔 – 库仑(Mohr-Coulomb) 准则

该准则是既考虑黏聚力,同时又考虑内摩擦角 φ,两者共同抵抗外荷在土中产生的剪应力时的屈服条件,该剪应力不是最大剪应力,而是 c,φ 组成的土体抗剪强度函数值与外荷在土中产生的剪应力相等时的剪应力,此时该点土体破坏(即屈服)。库仑屈服准则,即

$$\tau = \tau_f, \tau_f = \sigma \tan\varphi + c \tag{3.37}$$

式中　τ——土体中某点剪应力值;

　　　τ_f——土体的抗剪强度。

利用莫尔圆周与切线相切的切点处纵坐标数值相等的几何关系,将该点处的剪应力值与抗剪强度建立极限平衡方程,得到莫尔 – 库仑屈服破坏准则,如图 3.9 所示。其数学表达式为

$$\frac{\sigma_1 - \sigma_3}{2} = \frac{\sigma_1 + \sigma_3}{2}\sin\varphi + c\cos\varphi \tag{3.38}$$

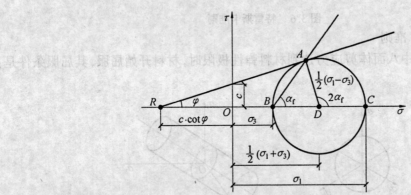

图 3.9　土体中一点达极限平衡状态时的莫尔圆

在应力空间内,莫尔 – 库仑准则的破坏面呈以空间对称轴 λ 线为中心,等边而不等角度的不规则六角锥体,如图 3.10(c) 所示。

其破坏面表达式为

$$F\{(\sigma_1 - \sigma_2)^2 - [2c\cos\varphi + (\sigma_1 + \sigma_2)\sin\varphi]^2\} \times \{(\sigma_2 - \sigma_3)^2 - [2c\cos\varphi + (\sigma_2 + \sigma_3)\sin\varphi]^2\} \times \{(\sigma_3 - \sigma_1)^2 - [2c\cos\varphi + (\sigma_1 + \sigma_3)\sin\varphi]^2\} = 0 \tag{3.39}$$

得到的破坏轨迹为不规则六边形,如图 3.10(b) 所示。这是因为法向受压时摩擦力使抗剪

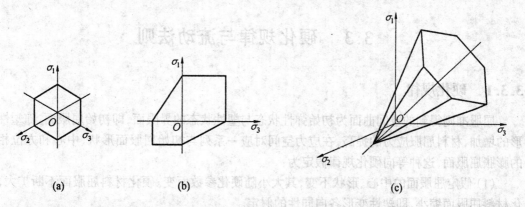

图 3.10 莫尔 – 库仑准则

强度增大,而法向受拉时,抗剪强度降低,因而三轴压缩与拉伸不同条件时抗剪强度不同,导致屈服轨迹成不规则状态。

如果用 $\sigma_m = \frac{1}{3}I_1$,$J_2$ 及 θ_σ 表示主应力则得到

$$\begin{Bmatrix}\sigma_1\\\sigma_2\\\sigma_3\end{Bmatrix} = \frac{2}{\sqrt{3}}\sqrt{J_2}\begin{Bmatrix}\cos(\theta_\sigma+\frac{\pi}{6})\\\sin\theta_\sigma\\-\cos(\theta_\sigma-\frac{\pi}{6})\end{Bmatrix} + \begin{Bmatrix}\frac{1}{3}I_1\\\frac{1}{3}I_1\\\frac{1}{3}I_1\end{Bmatrix} \tag{3.40}$$

将式(3.40)代入式(3.39),则得到一般莫尔 – 库仑准则式为

$$F\left\{\frac{1}{3}I_1\sin\varphi - \left(\cos\theta_\sigma + \frac{\sin\theta_\sigma\sin\varphi}{\sqrt{3}}\right)\sqrt{J_2} + c\cos\varphi\right\} = 0 \tag{3.41}$$

以上各准则均各有优缺点,其相互之间的关系与屈服条件的试验验证如图 3.11 所示。说明莫尔 – 库仑屈服条件比较符合土的实际屈服状态,但也有一定差距,有待进一步改进。

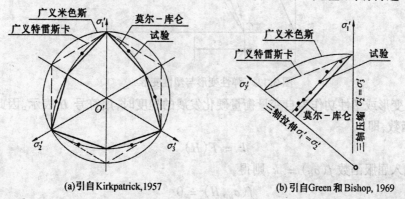

图 3.11 屈服条件的试验验证

由该准则可知,岩土材料破坏是在土体内部产生的剪应力达到抗剪强度时发生,同时由于塑性变形将产生一系列空间屈服面,并由这一系列的屈服面发展至破坏面。在屈服面的发展过程中,材料发生硬化或软化现象。

3.3 硬化规律与流动法则

3.3.1 硬化规律

屈服准则得到的空间曲面为初始弹性状态与塑性状态的界限面,即初始屈服面。随塑性变形的增加,材料屈服应力的提高,在应力空间对应一系列与初始屈服面形状、中心和方位相同的膨胀屈服面,这种等向硬化规律假定为:

(1) 假定屈服面的中心、形状不变,其大小随硬化参数而变。硬化材料屈服面不断扩大,软化材料屈服面缩小,即塑性变形各向同性的假定。

(2) 假定屈服面大小和形状都不变,硬化只是改变其位置,这叫运动硬化,是材料在反复的周期荷载作用下出现的硬化现象。在动力问题中需采用这种假定。

为反映材料自屈服至破坏这段过程,引入硬化参数 k。当屈服准则函数 $f(\sigma_{ij}) < k$ 时,材料处于弹性变形阶段,在应力空间内相应的点落在屈服面以内;当 $f = k$ 时,材料屈服。f 也有可能超过原有的 k,但由于屈服后材料硬化的缘故,此时 k 也提高,仍然保持 $f = k$。图3.12中,初始加荷时,在应力应变曲线的 A 点材料屈服。超过 A 点,譬如达到 B 点,退荷,再加荷,则当应力达到 σ_A 时并不屈服,而是达到 σ_B 时才屈服。可见屈服的标准改变了,也就是材料硬化了,此时 k 也改变了,k 如何变化的规律,称为硬化规律。

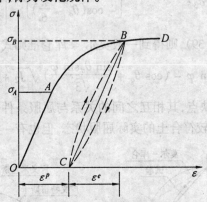

图 3.12 弹性变形与塑性变形

采用塑性变形或塑性功作为自变量衡量硬化发展的程度时,用符号 H 表示。因此,硬化参数 k 为 H 的函数,即

$$k = F(H) \tag{3.42}$$

将此式代入屈服函数 $f(\sigma_{ij}) = k$,则得

$$f(\sigma_{ij}, H) = 0 \tag{3.43}$$

对于某个确定的 H 值,式(3.43)给出一个确定的函数值,在应力空间对应确定的某屈服面。随着 H 值的变化,应力空间中形成围绕初始屈服面中心,形状与方位相同的均匀膨胀的一系列后继屈服面。这样就描述了材料自初始屈服至破坏的发展过程。

硬化参数采用塑性功为函数时,通常将图3.12中 $OABC$ 所围成的面积代表塑性功。其表达式为

$$W^p = \int \sigma_{ij} d\varepsilon_{ij}^p \tag{3.44}$$

在 p,q 坐标系里,可表示为

$$W^p = \int p d\varepsilon_v^p + q d\varepsilon_s^p \tag{3.45}$$

即塑性功包括体积应力在塑性体积应变上所做的功和偏应力在塑性偏应变上所做的功。

由式(3.45)可知,当塑性功为某一值时,屈服函数值确定,在应力空间对应一个确定的屈服面,在该屈服面上,各点的塑性功相等。即屈服面是应力空间内塑性功相等各点的空间曲面轨迹。若硬化参数取塑性体积应变为函数,屈服面即为应力空间内塑性体积应变相等的空间曲面轨迹。但它们的确定与表达式均应通过试验给予检验。

3.3.2 流动法则

流动是指金属材料(如钢筋)进入塑性变形后,称为塑性流动而来,其流动的原因是某种势的不平衡所引起的,这种势称为塑性势。将应力空间中塑性势相等的点连接起来,形成一系列等势面,称为塑性势面。正交流动法则假定塑性应变增量的方向与塑性势面的法线方向一致,即与塑性势面正交。由于根据试验资料可得到各种应力状态下塑性应变增量的方向,即为塑性势方向,因而可以找到塑性势函数 Q。1928 年,米色斯提出其数学表达式为

$$d\varepsilon_{ij}^p = d\lambda \frac{\partial Q}{\partial \sigma_{ij}} \tag{3.46}$$

式中 $Q(\varepsilon_{ij}) = Q(I_1, J_2, J_3)$;

  $d\lambda$—— 比例常数。

这样,应变全增量可写成

$$d\varepsilon_{ij} = d\varepsilon_{ij}^e + d\varepsilon_{ij}^p \tag{3.47}$$

式中 $d\varepsilon_{ij}^e$——弹性应变增量;

  $d\varepsilon_{ij}^p$——塑性应变增量。

(1) 相关联的流动法则(associated flow rule)

该法则假定塑性势函数与屈服函数一致,即

$$Q(\sigma_{ij}) = f(\sigma_{ij}) \tag{3.48}$$

屈服面即为塑性势面。1951 年,德洛克(Drucker)提出,一个单元体存在初始应力,缓慢地施加一个外荷,再卸载,则在加荷过程中外荷做了正功(> 0),在加卸荷循环中,外荷做功非负值(≥ 0),对于弹性情况为零,对塑性变形为正值。根据这一假设可以推断,塑性势面必须与屈服面一致。也就是说,只要材料服从德洛克假设,流动法则就一定是相关联的。

(2) 不相关联的流动法则(non-associated flow rule)

该法则假定塑性势面与屈服面不一致,即

$$Q(\sigma_{ij}) \neq f(\sigma_{ij}) \tag{3.49}$$

这是许多岩土类材料试验得出的结果,例如密砂在剪胀过程中,应力达到峰值后,应力降低($d\sigma_{ij} < 0$),而应变仍在发展($d\varepsilon_{ij}^p > 0$),$d\sigma_{ij} d\varepsilon_{ij}^p < 0$,荷载增量做负功,这不符合德洛克假设(加卸荷循环中,外荷做功非负值),即不遵守相关联的流动法则。对于砂土类摩擦材料,Baker 和 Desai 根据 Land 和 Musamtl 对蒙特利 0 号砂和格隆特重塑黏土等几种砂土材料的试验结果,

提出了下述偏正交法则,即

$$d\varepsilon_{ij}^p = da\left(\frac{\partial F}{\partial \sigma_{ij}}\right)D \tag{3.50}$$

式中 da——比例常数,$da = d\lambda$;

$\left(\frac{\partial F}{\partial \sigma_{ij}}\right)D$——$\frac{\partial F}{\partial \sigma_{ij}}$ 的偏量部分,即 $\frac{\partial F}{\partial \sigma_{ij}}$ 在 π 平面上的投影。

如果此式成立,则不难证明屈服函数 F 与塑性势函数 Q 之间只差一个与 I_1 有关的函数项。

由上例可知,严格地讲,岩土材料本构更适用于不相关联的流动法则,目前由于问题的复杂性,在实际应用中不少岩土材料本构模型仍沿用相关联流动法则,因而有必要进一步开展这方面的研究。

3.4 弹塑性模型简介

3.4.1 $E - \mu$ 模型

1.切线弹性模量

该模型是通过非线性数学表达式,建立应力状态改变过程中弹性常数 E,μ 与偏应力 $(\sigma_1 - \sigma_3)$ 之间的双曲线函数,从而更客观地反映非线性材料的应力应变关系。其中邓肯-张 (Duncan - Chang) 模型在国内外被较为广泛地应用。

首先,Kondner 建议采用双曲线表示 $\sigma_d - \varepsilon_1$ 曲线,当 σ_3 为常数时,有

$$\sigma_d = \sigma_1 - \sigma_3 = \frac{\varepsilon_1}{a + b\varepsilon_1} \tag{3.51}$$

或

$$\frac{\varepsilon_1}{\sigma_d} = a + b\varepsilon_1 \tag{3.52}$$

式中 a,b——试验常数。

由常规三轴试验,可以得到如图 3.13 所示的压缩曲线。

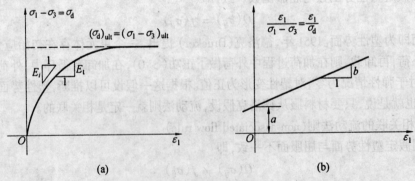

图 3.13 三轴压缩试验曲线

图 3.13(a) 中 $(\sigma_1 - \sigma_3)_{ult}$ 为应力应变曲线的渐近线,即为其破坏的极限值,当 ε_1 极小趋近于零时,有

$$E_i = \left(\frac{\partial \sigma_d}{\partial \varepsilon_1}\right)_{\varepsilon_1 \to 0} = \partial\left(\frac{\frac{\varepsilon_1}{a+b\varepsilon_1}}{\varepsilon_1}\right)_{\varepsilon_1 \to 0} = \partial\left[\frac{\varepsilon_1^2}{(a+b\varepsilon_1)\varepsilon}\right]_{\varepsilon_1 \to 0} = \frac{1}{a} \tag{3.53}$$

该模量为初始弹性模量 E_i，在 $(\sigma_1 - \sigma_3) - \varepsilon_1$ 曲线上任取一间隔段求导，即为该增量区段内的切线模量

$$E_t = \frac{\partial(\sigma_1 - \sigma_3)}{\partial \varepsilon_1} \tag{3.54}$$

图 3.13(b) 将坐标系纵轴变为 $\frac{1}{E} = \frac{\varepsilon_1}{\sigma_d}$，即弹性模量的倒数。该直线纵轴截距为 $a = \frac{1}{E_i}$，斜率为 $b = \frac{R_f}{(\sigma_1 - \sigma_3)_f}$，式中 R_f 为破坏比。

$$R_f = \frac{(\sigma_1 - \sigma_3)_f}{(\sigma_1 - \sigma_3)_{ult}} = \frac{破坏时强度}{(\sigma_1 - \sigma_3)的极限值} \tag{3.55}$$

R_f 取值在 0.75 ~ 1.0 之间。

在三轴试验中，随 σ_3 取值的不同，$(\sigma_1 - \sigma_3) - \varepsilon_1$ 曲线将不同。邓肯-张提出这些试验曲线可用下式表达

$$\sigma_1 - \sigma_3 = \frac{\varepsilon_1}{\frac{1}{E_i} + \frac{\varepsilon_1}{(\sigma_1 - \sigma_3)_f} R_f} \tag{3.56}$$

或

$$\varepsilon_1 = \frac{\frac{\sigma_1 - \sigma_3}{E_i}}{1 - \frac{\sigma_1 - \sigma_3}{(\sigma_1 - \sigma_3)_f} R_f} \tag{3.57}$$

式中　　E_i——σ_3 的函数，可采用下式计算

$$E_i = Kp_a\left(\frac{\sigma_3}{p_a}\right)^n \tag{3.58}$$

式中　　p_a——大气压，简化量纲；

　　　　K, n——试验常数，对不同土类，K 值可能小于 100，也可能大于 3 500，n 值一般在 0.2 ~ 1.0 之间。

因为切线模量

$$E_t = \frac{\partial(\sigma_1 - \sigma_3)}{\partial \varepsilon_1} = \frac{\frac{1}{E_i}}{\left[\frac{1}{E_i} + \frac{R_f \varepsilon_1}{(\sigma_1 - \sigma_3)_f}\right]^2} \tag{3.59}$$

将式(3.57)代入式(3.59)得

$$E_t = (1 - R_f S)^2 E_i \tag{3.60}$$

式中　　S——应力水平，反映强度发挥程度，$S = \frac{\sigma_1 - \sigma_3}{(\sigma_1 - \sigma_3)_f}$。

根据莫尔-库仑破坏准则，有

$$(\sigma_1 - \sigma_3)_f = \frac{2c\cos\varphi + 2\sigma_3\sin\varphi}{1 - \sin\varphi} \tag{3.61}$$

将式(3.61)代入式(3.60)得 E_t 为

$$E_t = \left[1 - \frac{R_f(1 - \sin\varphi)(\sigma_1 - \sigma_3)}{2c\cos\varphi + 2\sigma_3\sin\varphi}\right]^2 K p_a \left(\frac{\sigma_3}{p_a}\right)^n \tag{3.62}$$

由式(3.53)、(3.58)及式(3.55)、(3.61)可得

$$a = \frac{1}{E_i}$$

$$b = \frac{R_f(1 - \sin\varphi)}{2c\cos\varphi + 2\sigma_3\sin\varphi} \tag{3.63}$$

可见,a,b 均是 σ_3 的函数。

由求解 E_t 的公式可知,该模量与所研究土体的 c,φ 强度指标 K,n,R_f 有关,是固结压力 σ_3 的函数。此时,弹性常数的线性表达式已不适用,而是在受荷过程中的增量弹性模量表达式。K,n 的确定方法如图3.14所示。

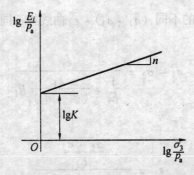

图 3.14 $\lg(E_i/p_a) - \lg(\sigma_3/p_a)$ 关系曲线

将式(3.58)两侧取对数,即可使幂函数转换为直线函数,此时图3.14中直线截距为 $\lg K$,直线斜率为 n,于是切线弹性模量可知。

2. 切线泊桑比

泊桑比是在受荷过程中,土体侧向应变 ε_r 与轴向应变 ε_a 的比值。库哈威(Kulhawy)与邓肯将三轴试验中 $\varepsilon_r,\varepsilon_a$ 数据用双曲线函数表达,此关系曲线如图3.15所示。类同弹性模量的方法,当侧向应变趋于无穷小时,其切线泊桑比 μ_i 为初始泊桑比,μ_t 为切线泊桑比。

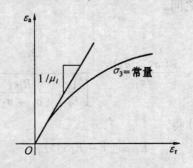

图 3.15 $\varepsilon_a - \varepsilon_r$ 关系曲线

初始泊桑比 μ_i 是固结压力 σ_3 的函数,其表达式为

$$\mu_i = G - F\lg\left(\frac{\sigma_3}{p_a}\right) \tag{3.64}$$

式中　　G, F——试验常数。

切线泊桑比公式为

$$\mu_t = \frac{G - F\lg\left(\frac{\sigma_3}{p_a}\right)}{(1 - A)^2} \tag{3.65}$$

式中　　A——试验常数。

3. 回弹模量

动荷载作用下,土体由加荷到卸荷过程中,$(\sigma_1 - \sigma_3) - \varepsilon_1$ 曲线如图 3.16 所示。OA 为加荷状态的应力应变关系曲线,其斜率为 E_t;AB 为卸荷曲线,其斜率为 E_{ur}。邓肯等人假定 E_{ur} 不随 $(\sigma_1 - \sigma_3)$ 变化,仅随 σ_3 而变。在双对数纸上点绘 $\lg\left(\frac{E_{ur}}{p_a}\right) - \lg\left(\frac{\sigma_3}{p_a}\right)$ 关系曲线,得一直线,如图 3.17 所示,其截距为 $\lg K_{ur}$,斜率为 n。回弹模量可由下式计算,即

$$E_{ur} = K_{ur} p_a \left(\frac{\sigma_3}{p_a}\right)^n \tag{3.66}$$

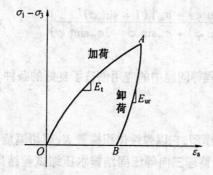

图 3.16　加荷与卸荷曲线

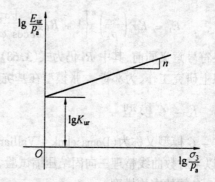

图 3.17　$\lg(E_{ur}/p_a) - \lg(\sigma_3/p_a)$ 关系曲线

邓肯－张模型采用非线性弹性常数,反映了土体变形的主要规律,其双曲线函数由常规三轴试验确定,参数少,适用于黏性土、砂土及 σ_3 接近常数的岩土工程问题。不宜用于密砂及严重超固结土,它不能考虑应力路径对该模量的影响。2003 年以来,河海大学等单位对常规三轴仪进行改进,完成了轴向卸载、侧向加载及侧向卸载不同应力路径下切线模量公式的推导工作,对双曲线模型进一步给予完善,并通过试验进行了验证。

(1) 侧向卸载条件下的切线弹性模量 E_t

$$E_t = K p_a \left(\frac{\sigma_{ac}}{p_a}\right)^n \left\{1 - R_f \frac{[\sigma_{ac}(1 - \sin\varphi) - \sigma_r](1 + \sin\varphi)}{2c\cos\varphi + \sigma_{ac}\sin\varphi - \sigma_{ac}\sin^2\varphi}\right\}^2 \tag{3.67}$$

式中　　σ_{ac}——轴向固结压力;

　　　　σ_r——侧向应力。

$$R_f = \frac{[(\sigma_a - \sigma_r) - (\sigma_{ac} - \sigma_{rc})]_f}{[(\sigma_a - \sigma_r) - (\sigma_{ac} - \sigma_{rc})]_u} \tag{3.68}$$

式中 σ_a, σ_r —— 分别为轴向、径向应力；
σ_{rc} —— 侧向固结压力。

(2) 侧向加载条件下的切线弹性模量 E_t

$$E_t = Kp_a\left(\frac{\sigma_{ac}}{p_a}\right)^n\left\{1 + R_f\frac{(\sigma_{rc} - \sigma_r)(1 - \sin\varphi)}{2c\cos\varphi + 2\sigma_{ac}\sin\varphi + (\sigma_{ac} - \sigma_{rc})(1 - \sin\varphi)}\right\}^2 \quad (3.69)$$

式中 c, φ —— 来自侧向加载试验。

同样,若假设不同应力路径的强度指标一致,K_0 固结侧向加载条件下的切线弹性模量公式如下

$$E_t = Kp_a\left(\frac{\sigma_{ac}}{p_a}\right)^n\left\{1 + R_f\frac{[\sigma_{ac}(1 - \sin\varphi) - \sigma_r](1 - \sin\varphi)}{2c\cos\varphi + 3\sigma_{ac}\sin\varphi - \sigma_{ac}\sin^2\varphi}\right\}^2 \quad (3.70)$$

式中各符号意义同前,其中 R_f 仍为式(3.68)。

(3) 轴向卸载条件下的切线弹性模量 E_t

$$E_t = Kp_a\left(\frac{\sigma_{rc}}{p_a}\right)^n\left\{1 + R_f\frac{(\sigma_a - \sigma_{ac})(1 + \sin\varphi)}{2c\cos\varphi + 2\sigma_{rc}\sin\varphi - (\sigma_{ac} - \sigma_{rc})(1 + \sin\varphi)}\right\}^2 \quad (3.71)$$

式中 c, φ —— 来自轴向卸载试验。

若假设不同应力路径的强度指标一致,对于 K_0 固结,式(3.74) 可简化为

$$E_t = Kp_a\left(\frac{\sigma_{rc}}{p_a}\right)^n\left\{1 + R_f\frac{[\sigma_a(1 - \sin\varphi) - \sigma_{rc}](1 + \sin\varphi)}{2c\cos\varphi(1 - \sin\varphi) + \sigma_{rc}\sin\varphi - 3\sigma_{rc}\sin^2\varphi}\right\}^2 \quad (3.72)$$

式中各符号意义同前,其中 R_f 仍为式(3.68)。

以上研究工作,为邓肯 – 张模型在基坑支护工程等问题中的应用创造了良好的条件。

3.4.2 K – G 模型

K – G 模型又称为(Domaschuk – Vallianppam) 模型,它以弹性体积模量 K、剪切模量 G 为参数,以半对数曲线整理三向固结压缩试验,双曲线整理三向等压固结排水压缩试验结果,建立 K, G 参数的本构模型。

1. 体积模量 K 值的测定

土样在静水压力 $\sigma_1 = \sigma_2 = \sigma_3 = p$ 的条件下各向等压固结,得到孔隙比 e 与压力 p 的 e – p 曲线,该曲线用半对数坐标系表示为

$$e = e_0 - \lambda\ln p \quad (3.73)$$

式中 e_0 —— 初始孔隙比;
λ —— 试验常数。

已知土样体应变 $\varepsilon_V = \frac{e_0 - e_1}{1 + e_0}$,则

$$\ln p = \frac{1}{\lambda}(1 + e_0)\varepsilon_V \quad (3.74)$$

对式(3.74) 两侧求导,$\frac{1}{p}dp = \frac{1 + e_0}{\lambda}d\varepsilon_V$,体积模量为

$$K_t = \frac{dp}{d\varepsilon_V} = \frac{1 + e_0}{\lambda}p \quad (3.75)$$

式中 λ——由图 3.18 中直线斜率(即压缩指数)确定,不同压力 p 下的 K_t 可求。

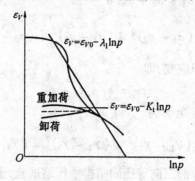

图 3.18 三向等压固结试验 $\varepsilon_V - \ln p$ 曲线

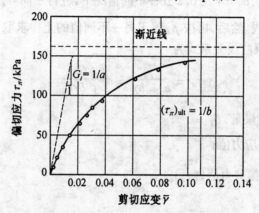

图 3.19 偏切应力 τ_π 与剪切应变 $\bar{\gamma}$ 关系曲线

由于土体应力历史的存在,因而定义前期固结压力 p_c 与对应的体应变 ε_{Vc} 之比为初始体积模量 K_i,即

$$K_i = \frac{p_c}{\varepsilon_{Vc}} \tag{3.76}$$

此时,切线体积模量 K_t 为

$$K_t = K_i \left[1 + n \left(\frac{\varepsilon_V}{\varepsilon_{Vc}} \right)^{n-1} \right] \tag{3.77}$$

式中 n——试验常数。

在水利电力部土工试验规程(1979)中建议半对数坐标系内直线方程为

$$\varepsilon_V = 0.434\lambda'_1 \ln p + \varepsilon_{V0} \tag{3.78}$$

对式(3.78)微分,得

$$K_t = \frac{dp}{d\varepsilon_V} \cdot \frac{p}{0.434\lambda'_1} \tag{3.79}$$

式中 λ'_1——p 应力范围内的压缩指数。

2. 剪切模量 G 值的测定

八面体应力不变量为

$$p = \frac{1}{3}(\sigma_1 + \sigma_2 + \sigma_3) \\ q = \frac{1}{\sqrt{2}}[(\sigma_1-\sigma_2)^2 + (\sigma_2-\sigma_3)^2 + (\sigma_3-\sigma_1)^2]^{\frac{1}{2}} \Bigg\} \quad (3.80)$$

与其相适应的应变为体积应变,即

$$\varepsilon_V = \varepsilon_1 + \varepsilon_2 + \varepsilon_3 \quad (3.81)$$

复杂受力状态下的剪切应变 $\bar{\gamma}$ 为

$$\bar{\gamma} = \frac{\sqrt{2}}{3}[(\gamma_1-\gamma_2)^2 + (\gamma_2-\gamma_3)^2 + (\gamma_3-\gamma_1)^2]^{\frac{1}{2}} \quad (3.82)$$

G 值的测定采用 $p=$ 常数的三向等压固结排水压缩试验,土样先在三向等压下固结,然后在固结比 $\frac{p}{p_c} = 1.0, 0.8, 0.6, 0.4$ 及 0.2 五种不同情况下,进行三向等压固结排水试验,求取一组(5条)应力-应变曲线。然后,再按 p_c 等于另一不同值的土样求取另一组曲线。

所有的曲线都应用双曲线关系式为

$$\tau_\pi = \frac{\bar{\gamma}}{a + b\bar{\gamma}} = \frac{\bar{\gamma} G_i}{1 + b\bar{\gamma} G_i} \quad (3.83)$$

式中 G_i——初始剪切模量,$G_i = \frac{1}{a}$;

τ_π——π 平面剪应力值;

$(\tau_\pi)_{ult}$——最终偏剪力值,$(\tau_\pi)_{utl} = \frac{1}{b}$。

将式(3.83)微分,得

$$G_t = G_i \frac{1}{(1 + bG_i\gamma_\pi)^2} = G_i \frac{1}{(1 + b\tau_\pi)^2} = G_i(1 - b\tau_\pi)^2 \quad (3.84)$$

式(3.84)是切线剪切模量关系式,如图 3.19 所示。

试验证明,切线剪切模量与破坏比 R_f、初始孔隙比 e_0、前期固结压力 p_c 有关,其表达式为

$$G_t = G_i\left[1 - R_f \frac{\tau_\pi}{10^\alpha \left(\frac{p}{p_c e_0}\right)^\beta}\right]^2 \quad (3.85)$$

式中 α, β——试验常数。

根据水利电力部土工试验规程,G_t 简化求解时,土体中八面体偏应力 q 与相应的剪切应变 $\bar{\gamma}$ 仍采用双曲线方程表示为

$$q = \frac{\bar{\gamma}}{a + b\bar{\gamma}} \quad (3.86)$$

式中,$a = \frac{1}{G_i}, b = \frac{1}{q_{ult}}$。

与 Domaschuk 推导相似,得出

$$G_t = G_i(1 - bq)^2 \quad (3.87)$$

由三轴等向固结排水试验得出

$$G_t = G_i\left[1 - \frac{R_f(\sigma_1-\sigma_2)(1-\sin\varphi)}{2c\cos\varphi + 2\sigma_3\sin\varphi}\right]^2 \quad (3.88)$$

式中，$G_i = Kp_a\left(\dfrac{\sigma_3}{p_a}\right)^n$。

由于 $E-\mu$，$K-G$ 模型是建立在广义虎克定律的基础上，由常规三轴试验资料得到了弹性常数与应力状态的非线性关系表达式，进行有限元计算，因此这两个模型是非线性弹性模型。

3.4.3 剑桥模型

1. 临界状态线

土体在外荷作用下产生变形，而该外荷载的数值增加是有限制的，当土体由静止状态产生失稳或变形过大不能保证上部结构正常工作时，土体达到极限破坏，并不能再继续承受荷载，这就是临界状态。通过大量三轴排水与固结不排水试验证明，施加偏应力 q，使土体产生破坏的应力点均落在同一直线 $C'D'$ 上，如图3.20(a)所示，其方程为

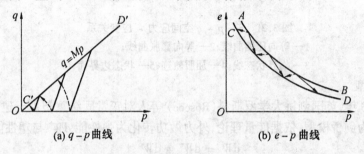

(a) $q-p$ 曲线　　(b) $e-p$ 曲线

图 3.20　三轴试验应力 - 应变关系

$$q = Mp \tag{3.89}$$

在 $e-p$ 平面内，破坏点均落在同一曲线 CD 上，如图3.20(b)所示，AB 曲线为初始等向压缩曲线。在 $e-p-q$ 空间三维坐标系内，初始等向压缩曲线在 $e-p$ 水平面内为 AB 曲线，由于偏应力的施加，土体中剪应力增大，孔隙比改变，AB 曲线在三维空间坐标系中脱离原水平面 $e-p$ 向上方移动，达到破坏时，对应的空间曲线 CD 叫临界状态线。因此，临界状态线是破坏点的空间轨迹，其在 $p-q$ 平面内投影为一直线 OD'，简称破坏线。

2. 状态边界面

试验证明，在 $p-q-e$ 三维空间坐标系内，对应每一个 p，q 应力状态，均有相应的孔隙比 e 值，这样 p，q，e 三个坐标就定义了一个空间点。随着应力状态的变化，大量的空间点移动形成一个从 AB 到 CD 的空间曲面，这个空间曲面叫状态边界面。在该面以下为弹性区，该面以上是土体不可能达到的区域，沿着状态边界面将发生塑性变形。当已知 p，q，e 时，即可确定空间点的位置，其位置在状态面以下为弹性状态，处于状态面上即为屈服，根据该曲线的数学表达式可建立屈服准则。在图3.21中，$p-e$ 水平面内的 AB 是状态边界面与该平面的交线，AB 是等向压缩曲线（$q=0$），在卸荷过程中（例如基坑内土体开挖），图3.21中 EH 为等向膨胀曲线，偏应力增大到极限时，应力状态到达临界状态线 CD。应力空间中状态边界面 EG 线上的 N 点，它在侧面 $p-q$ 坐标系内投影为 N' 点，也是屈服轨迹 $E'G'$ 上的 N' 点（E' 点在 p 轴上的交点为 p_0）。在 EG 上与 EH 曲线间组成的平行于 q 轴的竖向平面内，均为弹性变形（因为假定塑性势面与屈服面重合）。在 $p-q$ 平面上的屈服轨迹即为塑性势线。

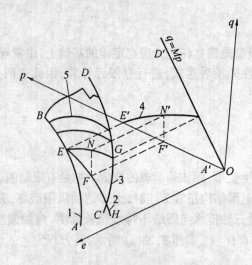

图 3.21 $e-p-q$ 空间应力 - 应变关系
1— 等向压缩曲线;2— 等向膨胀曲线;
3— 临界状态线;4— 屈服轨迹;5— 状态边界面

(1) 剑桥模型

1958～1963年,英国剑桥大学罗斯科(Roscoe)等人对正常固结重塑黏土建立了土的弹塑性帽子模型,称为剑桥模型,依据能量理论,外力做功转化为弹性能 dW^e 与塑性能 dW^p,即

$$dW = dW^e + dW^p \tag{3.90}$$

$$dW^e = pd\varepsilon_V^e + qd\bar{\gamma}^e \tag{3.91}$$

$$dW^p = pd\varepsilon_V^p + qd\bar{\gamma}^p \tag{3.92}$$

式中　　e—— 弹性变化;

p—— 塑性变化。

由土力学可知,体应变 $d\varepsilon_V^e = \dfrac{k}{1+e}\dfrac{dp}{p}$,令 $d\bar{\gamma}^e = 0$,则 $dW^e = pd\varepsilon_V^e = \dfrac{k}{1+e}dp$。式中,$k$ 为膨胀指数,即 $e-\ln p$ 回弹曲线的斜率。剑桥模型认为塑性能 $dW^p = M \cdot pd\bar{\gamma}^p$,式中 M 为 $p-q$ 平面内破坏线的斜率,破坏线方程为 $q = Mp$。则

$$dW = \frac{k}{1+e}dp + M \cdot pd\bar{\gamma}^p \tag{3.93}$$

即

$$pd\varepsilon_V + qd\bar{\gamma} = \frac{k}{1+e}dp + M \cdot pd\bar{\gamma}^p \tag{3.94}$$

根据在塑性势面上任一点的塑性应变增量方向与塑性面正交定律,$d\bar{\gamma}^p = d\lambda\dfrac{\partial F}{\partial p}$,式中 $F(p,q,k) = 0$ 为屈服函数,λ 为试验常数,积分得其屈服函数表达式为

$$F = \frac{q}{p} - M\ln\frac{p_0}{p} = 0 \tag{3.95}$$

式中　　p_0—— 硬化参数。

　　　　M—— $p-q$ 平面内破坏线斜率,$M = \dfrac{6\sin\varphi'}{3-\sin\varphi'}$($\varphi'$ 为土体有效内摩擦角)。

该屈服函数在应力空间中的轨迹是一个类似弹头形状的对称闭合曲线,由于与帽子相似,又称为帽子模型,其形状随应力状态增大而扩展,如图 3.22 所示。屈服面是以空间对角线为对

称轴旋转而成的。

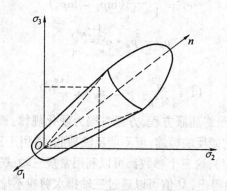

图 3.22　主应力空间中屈服面与临界状态

(2) 剑桥修正模型

1965 年，Burland 将剑桥模型中塑性能的假定采用向量和的方式表达，即

$$dW^p = p\sqrt{(d\varepsilon_V^p)^2 + (Md\bar{\gamma}^p)^2} \tag{3.96}$$

由此可推得

$$p \cdot \left(1 + \frac{q^2}{M^2 p^2}\right) = p_0 \tag{3.97}$$

这是修正剑桥模型的屈服函数，它比原式更符合土体变形的特征，该函数在 $p-q$ 坐标平面内屈服轨迹为椭圆。每一个确定的 p_0 值均对应一条屈服轨迹，随着 p_0 的增大，屈服轨迹不断扩展，p_0 与体积应变有关，因此该函数以塑性体积应变为硬化参数，通过 p_0 表示了硬化的过程。

将图 3.23 中的空间等向膨胀曲线 EF，初始压缩曲线 AE 投影到 $e-p$ 平面内，取半对数坐标系得图 3.23 所示 AE 和 EF 两条直线，其直线斜率分别为 λ 和 k，由图中 A 点到 E 点孔隙比变化为

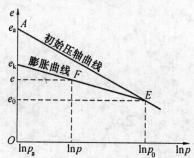

图 3.23　$e-\ln p$ 关系曲线

$$\Delta e = e_0 - e_a = -\lambda(\ln p_0 - \ln p_a) \tag{3.98}$$

其中弹性部分为
$$\Delta e^e = e_0 - e_k = -k(\ln p_0 - \ln p_a) \tag{3.99}$$

则塑性部分为
$$\Delta e^p = \Delta e - \Delta e^e = -(\lambda - k)(\ln p_0 - \ln p_a) \tag{3.100}$$

而体积压缩应变与孔隙比的改变有如下关系

$$\varepsilon_V = \frac{-\Delta e}{1 + e_a} \tag{3.101}$$

故
$$e_V^p = \frac{\lambda - k}{1 + e_a}(\ln p_0 - \ln p_a) \tag{3.102}$$

由此,得
$$p_0 = p_a \cdot e^{(\frac{1+e_a}{\lambda-k}e_V^p)} \tag{3.103}$$

把 p_0 代入式(3.97),得

$$\left(1 + \frac{q^2}{M^2 p^2}\right)p = p_a \cdot e^{(\frac{1+e_a}{\lambda-k}e_V^p)} \tag{3.104}$$

这就是修正剑桥模型的最终屈服方程,方程右端为硬化规律。该模型也是帽子型模型,能较好地反映土的变形特征,它能反映剪缩,但不能反映剪胀。适用于正常固结土与弱固结土,模型参数少,只有 λ, k, M(或 φ'),这三个参数都可以利用常规三轴试验测定,λ, k 值可以利用不同 σ_3 的等向压缩与膨胀试验得出,M 值可以通过三轴排水剪或不排水剪试验得出,易于测定,便于推广。

第4章 低温条件下土的应力 – 应变特性

冻土是具有负温或零温并含有冰的土类或岩石的总称,其冻结状态持续时间在几小时或几昼夜者为短期冻土,不到一年者为季节性冻土,两年或两年以上者为多年冻土。自然界中,对土木工程具有较大影响的是多年冻土和季节性冻土。我国境域内冻土分布极为广泛,多年冻土和季节性冻土面积约占国土面积的23%和50%。在我国的东北、华北、西北等地广泛分布着季节性冻土,其中在东北的大、小兴安岭、青藏高原及西部的天山、阿尔泰山、祁连山等地还存在着多年冻土。

未冻土与冻土的区别在于后者组成中有冰的存在,冰是很好的流变体,荷载作用下随时间的增加具有较强的流变性,吸热后变成水,其性质随温度而剧烈变化。因而,冻土中含水量、含冰量的多少,不仅影响着冻土的热学性质,同样也影响着其力学性质。在排水良好的未冻土中,外荷均由土颗粒承受,水仅是填充孔隙空间的非受荷介质。而冻土则不然,受到外荷作用后,不但土粒本身要受力,土中的冰及冰内的未冻水等均要承受外荷载,其影响因素远比未冻土多得多,其工程性质亦异常复杂、多变。无论是多年冻土,还是季节性冻土,其表层均为冻结 — 融化层,即"冬冻春融"。我们的建筑物、构筑物、桥梁、路基等均处于表层土上,其冻结 — 融化过程中土体性质的变化直接影响着各种结构物、道路、桥梁、水工构筑物等的稳定性。本章主要介绍土体冻结过程中的冻胀、融化、影响因素及其物理力学性质的一般性变化问题,介绍建筑工程中融化深度的近似计算等。

4.1 温度升降过程中土体的冻胀与融化

4.1.1 温度升降过程中土体的冻结与融化

自然界中,由于地球的运动,导致太阳辐射能产生变化,引起四季温度的巨大差异,其温度变化的幅度可达 70 ℃ 以上。大气温度的变化,必然导致土体温度的改变。随着大气温度的下降,大气中的负温不断地从地表传入土体,使地面下一定范围内的土体温度达到土中水的结冰点——致使土体冻结、形成含冰的岩土,工程上称其为冻土。春季气温回升,大气中的正温又逐渐传入土中,使土体逐渐由冻结状态转为融化状态。现有的试验证明(见图 4.1):土体冻结 — 融化的变化过程可用下述的 5 个阶段来描述。

(1)土体开始冷却和过冷阶段

通常情况下,土中水都不可能恰好在0 ℃冻结,所有土中水的冰点都低于0 ℃;秋末冬初,大气温度逐渐变冷,土体温度逐渐降低,逐渐地逼近 – 0.5 ~ 0 ℃ 或更低,此时土中水尚未冻结成冰,即通常所说的"过冷"阶段。这一阶段出现过冷的温度主要取决于土的颗粒组成、矿物成分、孔隙水中的盐分种类及浓度等。天然条件下,这个过程多出现于地表层,土中一旦出现冰晶体,这个过程便宣告结束。

(2) 土中温度突变阶段

土体中出现结晶中心，冰晶体已经形成，土中自由水开始冻结。由于水结成冰时放出大量潜热，使土体温度剧烈上升，该温度的上升幅度与土颗粒的大小和成分有关。

(3) 孔隙水结冰阶段

冰晶形成后并逐步扩大，降温与放热（水结成冰时的潜热）暂时处于动态平衡，土体内的温度相对稳定，这阶段土体的稳定温度就是土中水的冻结温度，该温度能保持一段时间，该时间的长短视冻结速度及土中的含水量而定。

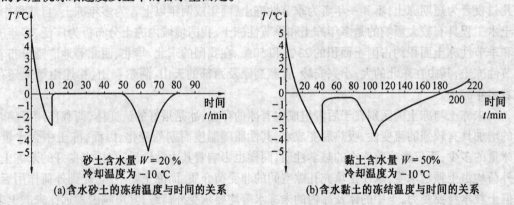

图 4.1　含水砂土、黏土的冻结温度与时间的关系

(4) 土体继续冷却阶段

土中孔隙水全部结晶之后，水成冰时的放热（潜热）效应减弱或停止，在环境温度不变的前提下，温度的动态平衡被打破，土体温度又继续降低。各种土冻结曲线的陡、缓程度不同；砂土导热系数大、传热速度快，冻结曲线较陡；黏土除导热系数小、传热速度慢外，自由水结晶、冻结后，弱结合水又会结晶、冻结，一部分相变潜热继续释放，这部分潜热的数量随黏土颗粒表面力场的变化而变化，因而黏土的冻结曲线要比砂土缓。

(5) 升温、融化阶段

土体温度开始呈曲线上升，至冻土融化温度。这段时间内，土体要吸收大量的热能。土体融化所需时间的长短除与环境温度有关外，还与土的含水（冰）量、颗粒组成有关，完全融化后土体温度开始上升到正温。

不同性质的土，其降、升温变化过程均与此类似，只是各段时间、温度变化不同而已。

4.1.2　冻结过程中的水分重分布及水分迁移

在季节性冻土中，当温度降至土体的冻结温度以下时，土体内就会形成一个平缓的、可以移动的 0 ℃ 等温线（面），它是冻土与非冻土之间的接触界面，称为冻结锋面。它的上面是冻土，下面是未冻土，冻结锋面的位置与时间、温度、土体含水量及土粒粒径、成分等有关。

土体在冻结过程中，其含水量是变化的，当地下水埋藏较浅时，在毛细作用范围内土体基本为自由水所饱和；冻结过程中，地下水不断地向冻结锋面迁移，称为开放（敞）系统，若地下水埋藏较深，冻结深度远在毛细作用范围之外，地下水无法向冻结锋面迁移，则称为封闭系统。无论是封闭系统还是开放系统，都会发生水分向冻结区的迁移。对于细粒土体（粉、黏颗粒土体），在封闭体系中从上部单向冻结时，冻结后其上部 1/2～2/3 最大冻深范围内的水分与冻结前相比将有所增加,由于没有水源补给,总量不变时,下部水分只能减少,发生"脱水"现象。在开放系统中,由于下部有水源补给,下部未冻区域土体中的水分能够及时向冻结锋面迁移,该部分所失去的水分不但能够得到及时的补充,而且还会过剩,导致整个土体的含水量与冻结前相比均有明显的增加,其增加值可达 30% ~ 70%。在纯净的中砂中,下部土层即可补水,也可排水,冻结砂土内的水分增加极其有限。在粗砂内,其上部土层多为"脱水",如果下部有充足的补给水源的话,其中下部水分可能有所增加,但增加量不会太多。当砂土中粉、黏粒含量达 15% 时,情况就大不一样。在开放体系条件下,冻结过程中始终都有水分迁移现象发生,冻结后,含水量普遍增加 3% ~ 8%。事实上,当粗砂中粉、黏粒含量达到 7% 时,冻结后就会有水分向冻结锋面迁移的现象存在。也就是说,土体冻结过程中只有细粒土才能发生水分迁移的现象,细粒土含量越高,水分迁移现象越严重。细粒土的主要成分是黏土矿物,其本身带有负电荷,表面有弱结合水,土粒表面的结合水分子在受到电分子引力作用的同时,还受布朗运动(热运动)力作用。单向冻结后,土粒表面温度场不均匀,存在着温度差,各水分子间的运动能量出现差异(分子间的热运动所至,其动能随温度的升高而增大,低温区水分子动能小、运动速度变慢,高温区水分子动能大、运动速度变快),这样就会导致低温区弱结合水膜变厚、邻近其他部位变薄。未冻区弱结合水分子变少,出现多余电场引力。如果冻结区离未冻结的地下水较近,地下水通过毛细作用逐渐向冻结区域附近补充成未冻的弱结合水,新补充来的弱结合水再次参与冻结,循环往复。这一作用的结果直接导致冻结锋面的前缘吸收外界迁移来的水分,所吸收的外界水分在冻结锋面处冻结、结晶,形成冰聚合体,从而导致体积膨胀。

4.1.3 冻结强度及冻胀现象的产生

土中水冻结成冰后,产生胶结力,将土颗粒以及埋在土中冻结区范围内的结构物基础和土体胶结在一起,形成一个整体,这种胶结力称为土与基础间的冻结强度,又称冻结力。冻结强度的大小可以用冻土沿基础材料表面的界面剪切(抗剪)强度来衡量(见图 4.2),其值的大小与土的粒径有关。在含水量相同的情况下,砂土的冻结强度最大,其次是黏土、砾石、卵石(见图 4.3)。黏土中的未冻水含量要多于砂土,因而其冻结强度也要比砂土低。冻结强度的极大值含水量接近于土体的饱和状态,即 $S_r = 0.9 \sim 1.0$,此时,土体冻结后孔隙中完全充满冰晶,冻土与基础侧面间的冻结胶结面积达到最大值,因而冻结强度最大。土体是一种变形滞后的材料,外荷作用后,土体的变形随时间缓慢发展,逐渐达到极限状态而破坏;从加荷到破坏,需要经历一定的时间,也就是说,土的强度随荷载作用时间的增加而减小。土的冻结强度也是如此,相同荷载条件下,随着荷载作用时间的增加,冻结强度最终达到长期冻结强度的极限值。一般的土体,其长期冻结强度仅是瞬时冻结强度的 1/3 ~ 1/6 或者更低。冻结强度的存在主要是冰胶结作用的结果,外荷作用时,土中的冰受压而产生流变,导致冰的强度降低,同时,随着土中压力的增加,冻土中冰点下降,冰晶体在负温下融化,土中未冻水含量增加,其胶结能力不断减弱,同时荷载作用将导致冰包裹体产生重结晶、出现微裂缝,一定应力作用下这些微裂缝发展成大裂隙,使冻土的抗剪强度降低并导致渐进流动,因而,冻结强度持续下降(见图 4.4)。不同的基础材料及表面粗糙度,其冻结强度明显不同。在目前我们常用的几种基础材料中,以混凝土的冻结强度最大,木材最小,钢材居中。基础表面的粗糙度越大,其冻结强度也就越大。经过人工处理与未经过人工处理的基础表面,其冻结强度值要相差 50%。冻结过程的实质是温度的变化过程,因此温度越低,其冻结强度就越大(见图 4.5),在冻结初期的剧烈相变阶段,对于黏土其温度范围约为自土体冻结温度起至 $-5 \sim -3$ ℃ 左右,该温度范围也正是土中未冻水数量剧烈减少、含冰量迅速增加的阶段,该阶段内冻结强度随土温的降低而迅速增长;在 $-7 \sim -3$ ℃ 范围内,该阶段未冻水含量处于缓慢减少的过渡阶段,此段范围内,含冰量的增加速度变缓,冻结强度虽有增长,但与前一段相比,相对变慢;之后随温度的下降,土中未冻水减少量已相当缓慢,此时冰的质变作用(冻土强度的性质主要取决于将土胶结起来的冰的强度,冰的强度随负温的增加而继续加大)加强,冰的强化作用使土的冻结强度随冰晶强度的增加而增加,而冰晶的强度随着温度的降低而提高。冰的特征是氢原子的联结作用非常微弱,氢原子的活动性随着温度的降低而急剧减弱,这也就决定着冰结构的强化。然而,冰的强化作用随温度的降低只能达到一定的限度(大致当温度接近 -70 ℃ 时,冰的强度接近其极限值),超过这个限值后,温度的影响就削弱了。

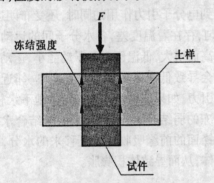

图 4.2 冻结强度示意图

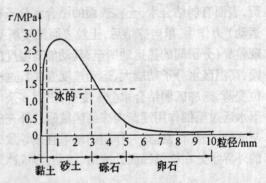

图 4.3 不同土与木材的极限冻结强度间的关系曲线

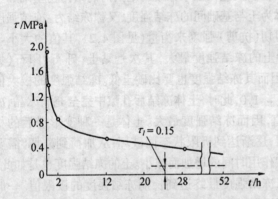

图 4.4 冻结强度与剪切荷载作用时间的关系

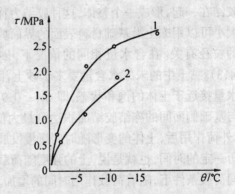

图 4.5 土与木材之间冻结强度随负温的变化曲线
1— 亚砂土;2— 黏土

粗粒土天然状态下的含水量较低,冻结后,参与冻结的水分较少,一般仅能形成冻土,由于其自身孔隙较大,其下卧毛细水上升的高度有限,水分补给、迁移均比较困难,往往是只"冻"而不"胀"。细粒土则不然,天然状态下自身的含水量较粗粒土高,孔隙水冻结成冰、膨胀后,体积要增大。但由于该部分水分原本就存在于土体的孔隙中,水分自身就占有一定的空间,虽然体积增大了 9%,但由于土体自身的部分孔隙空间可供其膨胀,加之一般的土体,其中水分含量毕竟有限,仅靠自身内水分的冻结、体胀,导致土粒产生位移还是次要的,主要的是冻结锋面的前缘吸收外界迁移来的水分、冻结结晶,形成冰聚合体,体积膨胀后达 109%。也就是说,迁移来 1.0 t 的水冻结后,其体积将变成 1.09 m³,这 1.09 m³ 的空间完全是从原来的土内部"挤出来"的,这部分膨胀,才是最可观的。迁移到冻结锋面的水分越多,其相应的膨胀量就越大,冻结锋面在某一位置停留的时间越长,水分的迁移量就越大,因而,冻结锋面向下推进的速度就越慢,其冻胀量就越大。同时水分相变成冰的过程是一个放热反应,发生相变的水分越多,放出的潜热就越多,放出的潜热直接阻碍了冻结锋面向下推进的速度,从而加大了土的冻胀量。

4.1.4 冻结过程中土体内的温度场

土体内部各点的温度在空间、时间上的分布或总计,称为土体的温度场。对于冻结土体来讲,工程上所注重的所有特征——应力、应变、强度、稳定性等几乎均与温度有关,均随温度的变化而剧烈变化。除盐渍土外,判别土体冻结与否最主要的指标是土体内的温度,因而正确地确定冻结过程中土体内某点温度场的变化就显得极为重要。它是计算土体的冻结深度、冻胀量、承载力及其他物理力学指标等必不可少的参数。影响土体内温度场变化的因素有很多,如自然界气候变化、大气温度的波动、场地植被及覆盖层的影响、土体自身组构的影响、水分的补给情况等。对于连续多年冻土和季节性冻土区,冻土层在水平面内可看成是无限延伸的,沿深度方向可看成是一半空间无限体,土层分层均质且为各向同性,冻结或融化过程中的热量传递均可看成是一维的,热流线方向与冻结锋面垂直。冻结过程中其上、下边界处的温度变化、水分迁移的流动及其相变放、吸热等均会影响到土体内的温度变化。若假设:

(1) 土体的温度或进入土体中各流体的温度都等于其相应边界传来的温度;
(2) 无论是空间上,还是时间上,温度的分布是光滑且连续的;
(3) 土体内流体和土颗粒间的热阻为零,流体和土颗粒的温度相等;
(4) 土体内的热能仅靠传导作用传递,其对流作用不计。

根据傅立叶无内热源的一维非稳态导热微分方程,可得

$$\frac{\partial}{\partial z}\left(\lambda \frac{\partial T}{\partial z}\right) = c\rho \frac{\partial T}{\partial t} \tag{4.1}$$

对于冻土,水或冰相变过程中要放、吸热,所以上式中还要加上水或冰相变所需的热量 $L\rho_i \frac{\partial \theta_i}{\partial t}$,这样,热量传递方程就变成为

$$\frac{\partial}{\partial z}\left(\lambda \frac{\partial T}{\partial z}\right) + L\rho_i \frac{\partial \theta_i}{\partial t} = c\rho \frac{\partial T}{\partial t} \tag{4.2}$$

冻结过程中要发生水分的迁移,新迁移来的水分又会参与相变,水分相变又会导致热量变化,参与相变的水分越多,相变后放出的潜热也就越多,冻结锋面向前推进的速度也就越慢。因此,水分的多少、水分的移动所导致的热质迁移,直接影响土中的温度,其影响可用下列方程表示

$$\frac{\partial}{\partial x}\left(D \frac{\partial \theta_w}{\partial x}\right) - \frac{\rho_i}{\rho_w} \frac{\partial \theta_i}{\partial t} = \frac{\partial \theta_w}{\partial t} \tag{4.3}$$

式中 z——表示位置的坐标,m;
t——时间,s;
T——温度,℃;
λ——土的热传导率,J/(m·s·℃);

L——水的冻结潜热，J/m^3；
c——土的容积比热，J/m^3
θ_w——容积含水率，m^3/m^3；
θ_i——容积含冰率，m^3/m^3；
ρ_w——水的密度，kg/m^3；
ρ_i——冰的密度，kg/m^3；
D——水分扩散系数，m^2/s。

式(4.2)表示的是冻结过程中土内的热量变化，式(4.3)表示的是冻结过程中土体内水分的移动量对温度的影响，两方程联立，表示的是冻土中水-热共同变化时对温度场的影响，称为水-热共同移动模型。它是目前条件下，描述冻土温度场最常用的方法之一。

4.2 土体冻胀的影响因素

4.2.1 土粒粒径对冻胀的影响

冻胀的起因是土中水冻结后的膨胀，所以只要土中存在水，就会有冻胀现象存在。工程中，我们认定粗粒土不冻胀，是因为"存不住水"，也就是说：自然界中只要是存不住水的土体，都可以认为是"只冻而不胀"。颗粒由大变小，其比表面积由小变大，与水的作用能力也相应提高，这种差异性直接影响着土体冻结过程中水分的迁移能力，直接影响着冻胀变形的特征。因此，土颗粒的大小及各种成分粒径含量的多少，对土体的冻胀性有着显著的影响。即使是同为细粒土，由于其黏粒含量、颗粒矿物成分和吸附的阳离子成分不同，土体本身的冻胀性也各不相同。图4.6是被誉为冻土力学基础奠基人的前苏联H·A·崔托维奇（H·A·ытович）根据对几种常见土（细砂、分散性黏土、粉质亚黏土）的冻结试验所得到的冻胀特征曲线。曲线1为饱水砂土各向冻结时的冻胀曲线。由于饱水砂土单向冻结时水分能自由排出，砂的体积实际上保持不变，亦即不发生冻胀现象。曲线2是分散性黏土，它的冻胀特性则完全是另一种情形，开始时黏土试样有些收缩（由于冷却时薄膜水吸附力和黏滞性增加，以及可能存在封闭气体的压缩），随后发生土的冻胀，它不仅发生在冻结初期，而且随着土的继续冷却和一批新的弱结合薄膜水冻结，冻胀现象将持续一相当长的时间（类似试验表明，分散性黏土冻胀可持续至-10℃和更低的温度）。图中曲线4为具有水分补给的粉土冻胀曲线，冻胀初期如黏土一样有某些收缩现象，而后发生极强烈的冻胀（冻胀量可达10%以上），与时间t成正比，土样完全冻结后如砂土一样，由于温度降低而体积减小。观测表明，粉质亚黏土是冻胀性最强的土，因为它有足够大的透水性、分散性并含有胶体。图4.7为研究黏性土冻胀性的更详细的试验结果（试样高95 mm，起始含水量$W_c = 48\%$，自上而下冻结，水分自下而上补给），由图4.7曲线可见，黏土的冻胀在整个试验期间都能观测到（土样温度在-10~0℃以下，在冻结开始8 h后仍有冻胀），而且只有在25 h以后，冻结土样温度下降至-26℃时冻胀作用才停止。因此，在黏土中，冻胀力的增长（在限制或不允许土冻结时体积增大的情况下）可发生于整个土冻结期间和土进一步冷却使所有新的薄膜水冻结期间，野外现场实地观测也证实了这一现象。

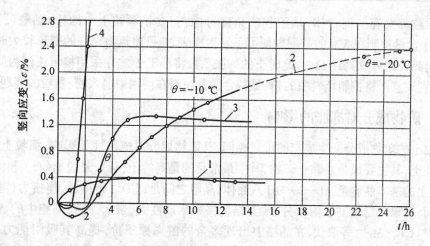

图 4.6　几种常见土(细砂、分散性黏土、粉质亚黏土)冻胀特征曲线
1—砂土;2—分散性黏土;3—粉质、淤泥质亚黏土;4—有水分补给的粉质、淤泥亚黏土

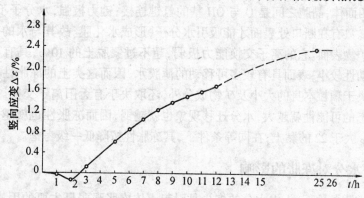

图 4.7　黏性土冻胀性与时间的关系

土体冻结时,根据颗粒平均直径与吸水量之间的关系,可按土颗粒的粒径分为四种情况:
(1) 颗粒粒径大于 0.1 mm 时

土的冻胀系数一般为 0.2% 以下,主要是孔隙水冻结所引起的冻胀。

(2) 颗粒粒径为 0.02 ~ 0.1 mm 时

冻结期间水分出现向冻结锋面迁移的正向移动。土体的冻胀系数一般为 0.5% ~ 2%,个别情况可达 3%。在这种情况下,外来水分补给是引起冻胀性增大的原因。

(3) 颗粒粒径为 0.002 ~ 0.02 mm 时

冻结期间水分迁移非常剧烈,可形成厚度不等的冰透镜体,土体冻胀系数均在 3% 以上,最大者可达百分之几十,主要是外来水的补给所引起的。

(4) 颗粒粒径小于 0.002 mm 时

冻结期间水分迁移量减少,土体冻胀性下降。因为黏土胶粒可使土中水分处于各种力场束缚的水化膜范围之内,从而使土中水的活动性大为减弱。

综上所述,我们可以看出,纯净的粗粒土不冻胀,很细小的黏粒(粒径在 0.002 mm 以下)其冻胀性也大为减弱甚至不冻胀,只有粉粒或粒径尺寸接近于粉粒的黏粒(或称较大尺寸的黏粒)其冻胀性才最强。粗粒土中含有一定量的粉、黏粒时,冻胀性仍然很可观。自然界中的土体是各种颗粒都共存的混合体，从工程的角度考虑，只要粗颗粒土中的粉、黏粒（即粒径小于 0.05 mm）含量控制在 5% 的范围内便可不发生冻胀。如果建筑物允许的变形较大时，粉、黏粒含量控制界线亦可放宽到 12%，此时土的冻胀系数将小于 2%。在采用换填法作为防冻害措施时，应特别注意严格控制填料中的粉、黏粒含量及填料在使用中混入粉、黏粒的问题。

4.2.2 矿物成分对冻胀的影响

粗粒土的矿物成分同生成它的母岩相同，其矿物成分对冻胀性无影响。细粒土则不然，尤其是黏性土，其主要成分是黏土矿物，其中最常见的是高岭土（石）、蒙脱土（石）和伊利土（石）等。蒙脱土的基本晶胞是 Al—O—OH 八面体，晶胞之间是以 O^{2-} 相接触，连接力（键力）极弱，晶胞之间，可以无定量的吸附水分子，其结构格架活动性大、亲水性高，晶胞中的 Al^{3+} 可以被 Fe^{3+}、Fe^{2+}、Ca^{2+}、Mg^{2+} 等取代，在晶格中出现多余的游离原子价，提高其吸附能力，形成水化膜。具有较高的离子交换能力，能够牢固地结合大量水分子，使毛细管的导水性变得极弱，也可以说是水分在其表面移动受到了较大的约束，不透水，因而其冻胀性就减弱。而高岭土的基本晶胞是 Si—O 四面体，晶胞之间是 O 与 OH 基的氢键连接，键力极强，水分子不能进入晶胞之间，亲水性较小。只有在断口处表面才能吸引水分子，形成水化膜。故其与水的作用能力就弱，水只能停留在矿物表面。它的离子交换能力极弱，超不过蒙脱土的 10%，具有高电荷性，土粒表面的化学活动性较小，表面具有较多可移动的薄膜水，因而这类土的冻胀性就强。颗粒表面凝结水量除取决于颗粒本身的大小及矿物成分外，还取决于有无阳离子交换。颗粒越细、孔隙水处于凝结状态的可能性就越大，水分迁移现象也就越弱，因而冻胀性也就越低。我国规范明确规定：对于 I_P 大于 22 的黏土，在同等条件下，其冻胀性按降低一级考虑。

4.2.3 土中水分对冻胀的影响

在一定的土质条件下，土中水分的多少是引起土体冻胀强弱最主要的因素之一，因此，土中参与冻胀的水分越多，其冻胀性就越强。导致土体含水的原因无外乎有大气降雨、地下水补给和各种给排水工程及人工灌溉等。并非所有的含水土体冻结时都会产生冻胀，只有当土中的水分超过某一界限值，冻结后才会有冻胀现象发生，这个界限含水量通常称为起始冻胀含水量，即在稳定的负温条件下（土体温度低于 $-10 \sim -9$ ℃），冻胀系数 η 为零时土体的含水量。在起始冻胀含水量以下时，与粗粒土一样，是"只冻不胀"。细粒土的起始冻胀含水量一般小于土体的塑限，随土体塑限含水量的增大，它们之间的差值也在增大。

4.2.4 土体密度对冻胀的影响

在含水量一定的条件下，减小土体密度将增大土体的孔隙，从而降低了土的饱和度。低密度土体冻结时，由于其孔隙体积相对较大，有充分的孔隙空间任冰自由膨胀，而不致引起土颗粒间的分离、移位，此时，土的冻胀强度就小。随着土体密实度的增大（含水量不变），自由水充填土体孔隙的程度也在增大，即孔隙空间越来越小，饱和度越来越大，冻结后，孔隙内的冰很难自由膨胀，因而，土的冻胀性也就增大。当土体达到某一个标准密度时，反映出土体孔隙最小、达到最佳的颗粒团聚条件，这时的土体密度能保证水分迁移的薄膜水处于最有利于迁移的状态，此时的冻胀强度也最大。即在同一土质、水分条件下，土体密度越大，其冻胀性就增大；在没有外界水源补给、土自身密度不是很大的情况下，如果土中水冻胀后其体积变化量由土体孔隙自身所消化,不会引起土体总体积的改变,此时土就不冻胀;如果在土体密度增大的同时,通过土颗粒间的彼此挤紧,能够挤出(排水)多余的水分,导致土体的含水量减少,使其含水量降低到起始冻胀含水量附近或以下,而且土体密实度的增加能够使冻结过程中的水分迁移受阻,从而减少了水分迁移的数量,则土体冻结后的冻胀性就小;当土体达到某个合适的密度时,其冻胀性可以达到最小。

在同一含水量条件下,土体密度增大,水充满孔隙的程度就增加,最终使土体由三相体变为两相体(土体完全饱和)。土样的密度同样也对土体的冻结速度产生影响,当土体密度一定时,其冻结速度随着土体饱和度的减少而增加,因而随着土体饱和度的增大,冻结深度的发展曲线逐渐变缓。水分多了,冻结时水的相变潜热也就增多,在冷能一定(不变)的前提下,土的冻结速率就慢。在饱和度一定时,土体密度增大,冻结速度就加快。土密度增大使单位体积内的土骨架数量增加、孔隙减少、导热系数增大。工程中,冬季里的松土保温就是利用了通过松土使单位体积内的土骨架的数量减少、孔隙增大、导热系数减小的原理。

4.2.5 土中温度对冻胀的影响

如果大气温度骤降且冷却强度很大时,土的冻结锋面迅速向下推移,即冻结速度很快。这时,土中弱结合水及毛细水来不及向冻结区迁移在孔隙中冻结成冰,水分迁移的毛细通道已全部被冰晶体所堵塞。未冻结区水分无法向冻结锋面迁移,分凝冰层没有条件形成,这时,只有存在于土孔隙中的冰晶体形成的冻土,一般无明显冻胀。

如气温从暖变冷下降缓慢,冷却强度低,负温持续的时间较长,使得未结区水分通过水分迁移,不断移至冻结锋面,积聚成冰夹层,这时将出现明显的冻胀现象。

4.2.6 荷载对冻胀的影响

外部压力(荷载)对土体向上的变形有一定的抑制作用,高压力下,土中水的冰点会降低,即能够降低土的冻结温度,所以增加土体外部荷载,能够显著地抑制土体的冻胀效应。压力对土体冻胀性的影响可表现在以下两个方面。

1. 外部压力的增加导致土体冻结温度的降低

外部压力作用对土体系内做功,给土体系提供了能量,该能量能够直接降低土的冰点。施加的外部压力,增加了土颗粒间的接触应力,影响着土中水分的相态转换,降低了土体的冻结温度。过大的压力,可以使高温已冻土融化,无论是冻土还是冰,其融化压力均随着温度的降低而增大。在正常压力(1个标准大气压)下,冰都是零度融化的,当负温比较低时,只能在比正常大气压更高的压力下才能使冰产生融化。在相同的压力作用下,首先产生融化的是冻土颗粒端点接触间的冰,只有应力足够大时,才能使整个冻土融化。外部压力作用同样影响着冻土中的未冻水含量,压力大,破坏了冻土中冰与未冻水含量之间的平衡关系,促使冻土中未冻水含量增加。高压力下,未冻水会从冻土中的高应力区向低应力区转移而重新结冰。

2. 外部压力能引起土体内水分重分布

外部压力会减少未冻土中水分向冻结锋面的迁移量。当荷载增加到等于土粒中冰、水界面所产生的能量时,冻结面就不能吸水。土体的冻胀就会停止,这时的荷载称为"中断压力",一般情况下,该中断压力与温度无关。对于粉质土,其值约为 300~500 kPa。由于"中断压力"的存在,阻碍甚至中断了土中水分向冻结锋面的迁移,对土体内水分的重新分布产生了作用。

4.3 冻土的力学特性

前已述及,如果土是均质、各向同性的介质,土在冻结时的体积膨胀在大面积上均匀发生,则土中将不会产生内力,而只发生冻土层的单纯膨胀。如果膨胀受到约束,在约束界面处将会产生数值相当大的冻胀力。天然条件下,无论是沿平面,还是沿深度,土层的组成及性质都是非均质的,所以土层不可能均匀膨胀,尤其是冻结的土层上有建筑物作用时更是如此。也就是说,土粒本身不可压缩,土中水冻结后体积膨胀,导致土颗粒间的位移受阻,各土颗粒间相互约束,因而必然形成各土颗粒间的作用力——冻胀应力。冻胀应力的大小与土颗粒的组成、土中水的含量及水分迁移的数量、温度有关。反过来,应力的变化又影响着温度、水分的重新分布。水分、温度、应力三者相互影响、相互制约,始终贯穿着冻融的全过程。

4.3.1 冻结过程中土与基础的相互作用

对于建筑物或构筑物的基础,冻结后由于冰的胶结作用,把土与基础冻结在一起,形成一个整体。土体冻结后,在所有方向上都要发生体积膨胀,而基础则不会。土体在水平方向的冻胀变形受到基础的阻碍后,将会在基础的侧表面产生水平向的约束应力——水平向冻胀应力,记为 σ_h。对于天然地面以上,由于无约束,冻胀变形作用必然会使地表面上升 Δh,而基础本身"只冻不胀",所以基础本身不会上升,冻结的土体受到基础的约束后,上升量不均匀,导致基础与基础侧面的土体出现了位移差,即基础限制了地面的上抬,所以在基础与土的接触面上,必然要出现作用力——切向冻胀力 τ,对基础来讲,该力是向上的。切向冻胀力与冻结强度不同,冻结强度是借助于冰晶的胶结作用,使冻土颗粒或冻土颗粒与基础间胶结为一整体,切向冻胀力是因为土中水冻结成冰后体积膨胀,促使土体发生变形的一种内应力,由于基础和周围的冻土变形不一致,两者间出现了位移差,彼此互为约束。由于约束的存在,两者间才出现了作用力,如果两者间变形一致,没有位移差,不存在着相互约束,则只有冻结强度而没有切向冻胀力。或者说,有冻结强度时不一定有切向冻胀力,有切向冻胀力时一定有冻结强度。切向冻胀力的大小除与冻结强度有关外,还与冻土与基础间的相对位移趋势及基础表面的粗糙程度有关,切向冻胀力的最大值等于冻结强度。

如果基础埋深较浅,基底仍位于冻土层内,则由于基底土体冻结后向上的膨胀受到约束,基底也会产生向上的冻胀力——法向冻胀力 σ_V,土的法向冻胀力数值受许多因素的影响:正冻土的性质(土的分散性、吸附能力、颗粒表面的自由能水平等)、持力土层的压缩性、作用于土上的外压力和承受冻胀作用的建筑结构的刚度(变形性)等。

4.3.2 冻土的流变过程及其作用

冻土是一种在外荷载作用下,应力与应变随时间而变化的材料,这就造成了应力松弛和蠕变(变形随时间增长)现象的产生,该过程称之为冻土的流变性(即物体应力与应变随时间流动的科学)。在冻土中,作为理想流动体的冰在其中起着头等重要的作用。除明显的各向异性外,冰的内部联结作用对负温的变化极为敏感,它随着温度的降低而增强。冻土内胶结冰的形状各异,仅目前能够确定认可的就有如下形态:单矿物颗粒混杂于冰内的基质冰、仅充填在孔隙内的孔隙冰、含无冰和水的自由空隙内的薄膜冰、冰膜和冰被矿物颗粒分隔开的接触冰等。

冻土中的冰既可以以胶结冰的形式(充填于矿物颗粒及其集合体之间的孔隙中)存在,也能以间层冰透镜体、冰脉以及其他过量析冰形式存在。

冻土是由土、冰及未冻水共同组成的,土颗粒掺杂在其间,因此其组成要比单独的冰更加复杂。在矿物颗粒间直接接触的同时,还存在着矿物颗粒和冰之间的集聚作用以及冰和薄膜水的黏滞作用,以致冰胶结和冰夹层的相互作用力将明显不同(尽管矿物颗粒接触面积不同),从而冻土的变形性能也将不同。在对冻土应力-应变状态作一般性评价时,冰胶结的联结作用具有特别重要的意义。

因为冻土主要的黏滞性是受冰控制的,而冰具有明显的各向异性,在受剪时表现的尤为强烈。冰的基本变形机制可区分为三种:① 平行于冰晶基本平面慢剪时冰的流动(冰结构无改变);② 随着分子的分裂、重结晶、晶体错位和断裂、脱落使结构无序化,冰的空间晶格被破坏;③ 在很高的剪应力下因摩擦生热使冰沿解理面融化。因此,冻土中冰(胶结冰和夹层冰,即使在很低的剪应力下亦可发生流动)的存在,以及含有黏滞性未冻薄膜水(冻土的另一个重要组分)导致了分散性冻土中发育流变过程,这种过程的发展,取决于冻土接触黏聚力的大小和构造集合体的黏结性。此外,加荷速度也会对冰的破坏形态产生影响,对冻结于冰中的木桩进行拔桩试验观察到:快速加载时呈脆性破坏,而长期加载时试验桩以不断增大的速度沿冰层滑动,逐渐的呈塑性破坏特征。这些试验表明,冰受剪时的长期强度极小。由于冻土中存在着冰包裹体(胶结冰和间层冰),实际上任何数值的荷载都将导致冰的塑性流动和冰晶的重新定向,与此同时,由于冻土中未冻的黏滞性水膜的存在,而导致了冻土在施加任意附加荷载时流变过程的产生和进行。

4.3.3 冻土蠕变的发展过程

冻土的强度和变形特性与其他固体和未冻土的区别首先在于,当在冻土中施加外荷载时经常发生不可逆的结构再造作用,导致在很小荷载下出现应力松弛和蠕变变形,即冻土的强度和变形随时间而变化。时间因素对冻土力学的性质有极大的影响,甚至在塑性范围内(整个蠕变阶段)冻土都始终保持着一定的弹性特征。早在1935年,前苏联的H·A·崔托维奇就已经发现了荷载增长速度对冻土抗剪、抗压、抗拉和冻结强度的重要作用,在1939年首次通过试验获得并研究了冻结砂土($W_c = 17\% \sim 18\%$)和冻结黏土($W_c = 54\%$)的流变曲线(图4.8)。研究试验结果可以得出如下结论:

(1) 荷载增长速度对冻结黏土的抗剪强度影响最大;
(2) 加荷速度(荷载增长速度)越低,冻土的各种强度也越小;
(3) 单轴压缩时冻结黏土和冻结砂土的流变发展过程都是曲线,但对冻结砂土而言,当压力大于300 kPa时蠕变曲线变成直线。

冻土蠕变分为衰减蠕变(图4.9)和非衰减蠕变(图4.10)两个单独的类型。衰减蠕变只有当冻土在一定的物理状态和一定的负温下,而且其应力小于某一确定的界限值时才会出现。如果应力(例如外部荷载)增大超过这个界限值,则在某一应力值下出现随时间非衰减的不可逆的结构变形——非衰减蠕变,且当应力继续增大时蠕变变形不断加速,并很快导致冻土的脆性或塑性(稳定性丧失的同时,形状发生改变而破坏)破坏,非衰减的蠕变变形不可避免地过渡为以破坏告终的渐进流阶段。

冻土具有自身组构的极不均匀性,这是由于土骨架矿物颗粒及各类土中冰、未冻水、水汽、

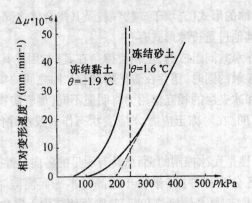

图 4.8 单轴压缩时冻结黏土和冻结砂的流变曲线

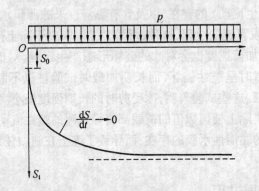

图 4.9 衰减型蠕变曲线

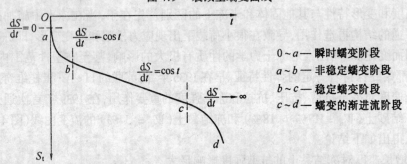

0~a —— 瞬时蠕变阶段
a~b —— 非稳定蠕变阶段
b~c —— 稳定蠕变阶段
c~d —— 蠕变的渐进流阶段

图 4.10 非衰减型蠕变曲线

气体等相互作用的复杂性和冻土变形过程的复杂性所造成的。从而为产生各种局部结构瑕疵创造了有利条件。冻土孔隙结构的不均匀性，颗粒及其集合体间的不稳定接触，微裂隙以及其他薄弱点等，均可成为冻土结构破坏的开始点。按照位错理论，薄弱点可以认为是在外荷作用下产生局部不可逆和连续性局部破坏并使之形成新的缺陷的起始点。蠕变的发生和发展是受荷载作用下冻土发育微裂隙、颗粒集合体的破坏以及其他结构缺陷的增生所控制。在冻土发生衰减蠕变时，微裂隙的闭合过程，开敞孔隙的减小以及颗粒间不可逆的相对剪切位移占据优势，与此同时还会发生由于矿物颗粒接触点处冰的融化以及随后融冰在低应力区内重新冻结而发生微裂隙和大裂隙的"愈合"。在变形 - 时间关系曲线上，衰减蠕变的特征在于不可逆变形速度逐渐减小，最终趋向于零。在衰减蠕变的发展过程中，发生冰的重新定向和重新结晶作用,同时冰晶的尺寸变小,从而冰的密度增大。只有当土中应力大于某个一定的界限时才会出现冻土的非衰减蠕变,如果忽略冻土的瞬时变形(冻土的这种变形很小,常忽略不计),非衰减蠕变一般具有三个蠕变阶段:第一阶段为非稳定蠕变变阶段,在此阶段里变形速度不像衰减蠕变那样趋近于零,而是趋近于某一恒定值;第二阶段为稳定蠕变阶段或黏塑性流动阶段,变形速度实际上是恒定的,它可持续不同的时段,但是当变形达到一定数值并且超过土结构再造作用所需的一定时间时,终将进入第三阶段;第三阶段为渐进流阶段,其特征是变形速度愈来愈大并以土的脆性或塑性破坏而告终。

在第一阶段中,晶体光学显微镜研究表明,占主要作用的是微裂隙的闭合过程,从超载区挤出并重新冻结的水分使结构缺陷愈合,因颗粒剪切位移、开放孔隙率减小以及微裂隙的部分闭合和减小,所有这些都将导致冻土的流变压密作用达到可观的数值。在第二阶段,占优势的仍是微裂隙的闭合作用,导致在某一时间段内原有的结构缺陷间开始达到平衡,这就决定了变形速度保持恒定,在这个蠕变阶段中冻土体积实际上保持不变。在冻土的各组分中,冰内最先出现蠕变,因其要求的剪应力最小,但冰的黏塑性流动则要比矿物夹层缓慢得多,因为冰的黏滞性比冻土的高。在蠕变的第三阶段,可观察到微裂隙的发展,迅速产生新的微裂隙并变成大裂隙,引起冻土弱化。此外,冰包裹体在这时候将遭受重结晶作用并以其基面平行于剪切方向重新定向,从而使冰包裹体和整个冻土的抗剪强度明显下降。

荷载作用下,冻土蠕变的发生与发展需要一定的时间。在冻土非衰减蠕变的所有阶段中,最具有实践意义的是稳定蠕变阶段,此阶段内冻土处于连续性未受破坏的黏塑性流动状态。此时,如果过渡到渐进流阶段的时间超过结构的设计运行期限或设计使用年限,则可以允许在建筑物荷载作用下,在处于黏塑流阶段工作的冻土地基上修建结构物。但是,对于从稳定蠕变阶段转变为不允许的渐进流阶段并以冻土连续性与稳定性破坏而告终的条件需要进行专门的研究。

4.3.4 冻土的抗压强度

自然界中,在大气层影响范围内,冻土的温度沿深度是变化的,这就导致了冻土和正融土沿深度的非均匀性。这种情况与这些土的应力 - 应变非线性关系及其蠕变特性一起,决定了冻土作为建筑物地基及介质时计算的复杂性。

由于冻土的蠕变,其强度随时间而变化,所以冻土强度有短期荷载下的强度和长期荷载下的强度之分。冻土的瞬时(接近于最大值)强度,通常采用极限强度来衡量。冻土的长期强度要比瞬时强度低得多,一般可为瞬时强度的 $1/6 \sim 1/3$,甚至更低,曾有人根据试验得出冻土长期强度为瞬时强度 $1/15$ 的结论。广义上讲,其长期强度极限亦可以看成是一种阻力,在该阻力作用下变形一直具有衰减特征,土处于尚未过渡到以土渐进流破坏而告终的黏塑性流动阶段。冻土的强度不是一个定值,而是与加载速度有关,随着加载速度的增加而提高,如图 4.11 所示。与其他介质一样,冻土的强度也可以分为抗压强度、抗拉强度及抗剪强度。冻土的极限抗压强度在较快的加荷速度($50 \sim 90$ MPa/min)及 -40 ℃ 的温度下,冻结砂土的瞬时极限抗压强度可达 15 MPa 以上,而冻结黏土在高达 75 MPa 的荷载作用下试样仍有可能呈现塑性变形而无破坏迹象,因而可以认为,冻土能很好地抵抗短时荷载作用。冻土的极限抗压强度极为明显地依赖于负温,与负温之间的关系可以用如下指数形式的方程来描述

$$\sigma = a + b \cdot |\theta|^n \tag{4.4}$$

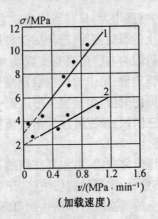

图 4.11 冻土压缩时的加荷速度与荷载之间的关系
1— 冻结砂土($\theta = -20\ ℃, W_c = 17\%$);
2— 冻结黏土($\theta = -20\ ℃, W_c = 32\%$)

式中 　σ——冻土的极限抗压强度;
　　　a, b, n——试验确定的参数;
　　　θ——负温值。

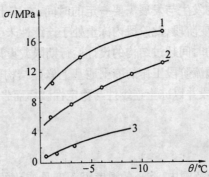

图 4.12 冻土极限抗压强度与负温的关系
1— 砂土;2— 亚砂土;3— 黏土

图 4.12 为三种冻土的极限抗压强度曲线。冻土的总含水量 W_c(包括冰和未冻水的含量)对其抗压强度具有较大影响。当含水量低于完全饱和程度时,所有冻土的抗压强度均随含水量的增加而递增,但当土完全饱和或过饱和时强度反而降低。图 4.14 示出了相应于非完全饱水和完全饱水条件下冻土抗压强度与含水量及纯冰之间抗压强度的关系。即当非完全饱水及在结构松散情况下(含水量低于图 4.14 中曲线 OA 段),抗压强度均随着含水量的增加而增大。在 A 点达到在完全饱和后,开始随着含水量的增加而减小(图 4.14 曲线 AB 段),达到冰的抗压强度(图 4.14B 点)后继续下降(图 4.14 曲线 BC 段)。随后在一个较高的含水量水平下(图 4.14 曲线 CD 段),基本上保持恒定。之后,随着含水量的进一步增加,它再次逐渐地接近纯冰的抗压强度(图 4.14 曲线上 E 点)。冻土具有一定的抗拉强度,但其数值明显地小于其抗压强度,冻结黏性土的长期抗拉强度大于冻结砂土的长期抗拉强度。1954 年,C·C·维亚洛夫(C.C.Вялов)曾用多年冻土在 180 kPa 的拉应力下进行试验,得到了历经 6 年并不破坏的实例。这一点与未冻土明显不同,未冻土不具备抗拉强度。冻土抗压、抗拉强度不同的原因可解释如下:在压缩时

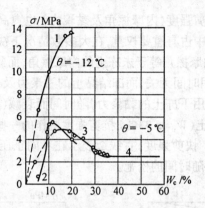

图 4.13　冻土极限抗压强度与总含水量的关系
1— 砂土;2— 亚砂土;3— 黏土(< 0.005 mm 颗粒含量为 51%);4— 粉质黏土(< 0.05 mm 颗粒含量为 63%)

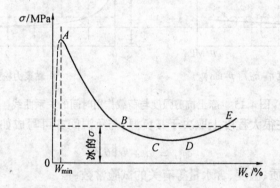

图 4.14　冻土的抗压强度与总含水量关系的一般特征
——— 完全饱水；------ 非完全饱水

矿物颗粒间距离减小,相互接触数量增加,而在拉伸时其距离增加,从而其接触数量减小。冻土的抗拉强度服从其抗压强度同样的规律,即抗拉强度随负温的降低而提高,并取决于冻土的成分、总含水量及构造等。

4.3.5　冻土的抗剪强度

与未冻土一样,在计算建筑物地基的承载力或计算各类围护结构上的土压力以及计算承受剪切荷载作用的冻土体的稳定性等时均需要用到冻土的抗剪强度参数。冻土的抗剪强度与许多因素有关,其主要影响因素有土的温度(负温)θ、外压力 p、荷载作用时间 t 等。在一般的压力范围内,冻土的抗剪强度采用库仑定律的表达形式,即

$$\tau_f = c_{\theta,t} + p \cdot \tan\varphi_{\theta,t} \tag{4.5}$$

式中　τ_f——冻土的抗剪强度,kPa;
　　　$c_{\theta,t}$——冻土的综合黏聚力,kPa;
　　　p——法向应力,kPa;
　　　$\varphi_{\theta,t}$——冻土的综合内摩擦角。

冻土的温度愈低,其抗剪强度(内摩擦角及黏聚力)也愈高。冻土的黏聚力要远高于未冻土,在整个抗剪强度的组成中占有重要权重,在大多数情况下决定着冻土的抗剪强度数值。当温度接近 0 ℃ 时,冻土的内摩擦角等于未冻土的内摩擦角,而黏聚力则比未冻土大得多。冻结砂土的内摩擦角与荷载作用时间无关,而冻结黏土的黏聚力及内摩擦角均随荷载作用时间的增加而变化。在长期恒载作用下冻土的黏聚力,随时间而衰减(图 4.15),导致抗剪强度急剧下降。图 4.15(a) 为同一种冻土($W_c = 33\%$)抗剪强度所作的一些试验结果,$\theta = -1$ ℃。直线 1 表示在不同正压力 p 值下的快剪强度,直线 2 表示在不同正压力 p 值下的长期强度极限。图 4.15(b) 则表示该土黏聚力随时间的松弛。

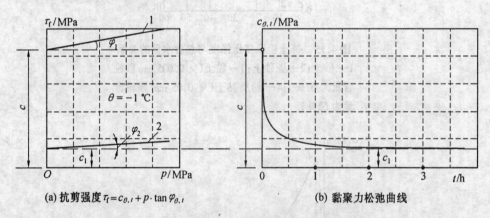

(a) 抗剪强度 $\tau_f = c_{\theta,t} + p \cdot \tan\varphi_{\theta,t}$ (b) 黏聚力松弛曲线

图 4.15 冻土抗剪强度与荷载作用时间的关系曲线

冻土的黏聚力值在很大程度上取决于其负温。与负温间亦可写成如下的指数关系

$$c_{\theta,t} = a + b|\theta|^{\frac{1}{2}} \tag{4.6}$$

式中　a, b—— 与土质、温度、含水量等有关的试验常数;
　　　θ—— 负温值。

冻结亚砂土的蠕变试验也同样得到了黏聚力随时间松弛的试验曲线,其结果如图 4.16 所示,同样是温度与时间的函数。

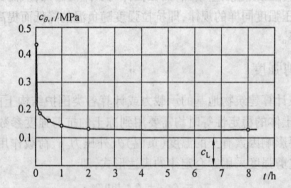

图 4.16 冻结亚砂土黏聚力 $c_{\theta,t}$ 的松弛曲线($W_c = 35\%$, $W_p = 13.5\%$, $\theta = -0.3$ ℃)

未冻土抗剪强度库仑定律的适用范围法向压力在 600 kPa 以内,超出此范围后,压力与抗剪强度间不再成直线关系,而用包络线表示。对冻土,当压力变化范围很大时,冻土的抗剪强度

与压力的关系已不能再看做是线性关系,而必须将其考虑成不同时段、各不相同的极限应力圆的包络曲线,利用包络曲线确定其抗剪强度与压力之间的关系,如图 4.17 所示。

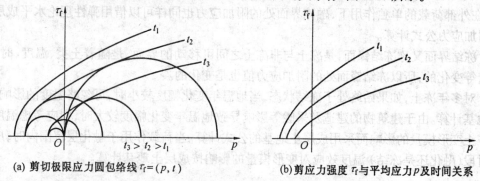

(a) 剪切极限应力圆包络线 $\tau_f=(p,t)$　　　(b) 剪应力强度 τ_f 与平均应力 p 及时间关系

图 4.17　冻土抗剪强度与外压力及荷载作用时间的一般关系图

4.4　冻土地基的附加应力和法向冻胀应力

4.4.1　荷载作用下冻土中的附加应力

自然界中季节性冻土层上的正冻土,土体的温度一般随深度的增加而逐渐升高,地表面处温度最低;根据黑龙江省哈尔滨和大庆两地的实测结果,负气温在翌年入春大气温度回升之前(约相当于冻土层厚度不超过最大冻深的 3/4 以前)可近似地看成是直线关系,对于最大冻深在 2 m 左右的冻土,如以冻结锋面处温度为零、并取冻结锋面处的高度为纵坐标原点计算,则其以下各点负温度的绝对值可写成

$$T = 10 \cdot (h - Z) \tag{4.7}$$

式中　T——基础底面以下冻深范围内某点的负温绝对值,℃;

　　　h——自基础底面算起至冻结界面的冻层厚度,m;

　　　Z——自基础底面算起冻土层中某点的竖向坐标,m。

冻土的变形模量与冻土的温度密切相关,据中国科学院兰州冰川冻土研究所的试验结果,冻土的变形模量与温度之间的关系可简化成

$$E = E_0 + k \cdot T^\alpha \tag{4.8}$$

式中　E——冻土在 T ℃ 时的变形模量,MPa;

　　　E_0——冻土在 0 ℃ 时的变形模量,MPa;

　　　k,α——分别为与土的类别、含水及含冰量、加荷速率及荷载水平等有关的常数,可由试验确定。

对于常见的冻胀性黏土,可近视的取 $E_0 = 10$ MPa,$k = 44$,$\alpha = 0.733$,将式(4.7)代入式(4.8)后得

$$E = 10 + 238 \cdot (h - Z)^{0.733} \tag{4.9}$$

因此,对于自然界中季节性冻土层上的正冻土,在冻深范围内,其变形模量随深度的增加而减少,即"上硬下软",在冻结界面处,附加应力在向下传递时,将出现应力扩散现象。单纯的外部荷载作用下,冻结界面处的附加应力可以借用弹性理论中双层地基或水平成层地基的附

加应力公式计算。反之,对于自然界中季节性冻土层上的正融土,经大气正温传导后,土体上部融化、中部冻结、下部又是处于常温下的非冻土;应力计算时,可以看成是水平成层的三层地基,在外部荷载的单独作用下,融冻界面处的附加应力也同样可以借用弹性理论水平成层地基的附加应力公式计算。

冻结界面又称冻结锋面,是冻土与非冻土之间可移动的界面,是随着土类、温度、时间、含水量等变化的,所以冻结锋面处的附加应力值也是变化的。

对多年冻土,如果始终处于冻结状态,当地温年变化幅度较小时,可忽略温度的影响,按均质地基计算。由于建筑物的建造及采暖等影响导致地温年变化幅度较大时,则应考虑温度作用对冻土变形模量的影响而采用成层土地基的公式计算。当荷载作用于融化层范围内时,应按不同时段(融化还是冻结)温度效应对变形模量的影响按成层土地基计算。

4.4.2 冻胀性土地基的竖(法)向冻胀应力

对于竖(法)向冻胀应力,其计算方法及其影响因素远比荷载作用下的应力计算复杂得多。土类、温度及温度持续的时间、含水量、含冰量、荷载作用下的应力水平及周边的约束条件等均会对其产生影响。

同样由于温度、冻深等因素的影响,冻胀应力也是随时间而变的。对于冻结界面处的法向冻胀应力,可以采用以下的"比拟法",通过数值解而近似的求出。

图 4.18 为一放置在冻土层内的基础,设计冻深为 H,基础埋深为 d,基础底面以下冻土层的厚度为 h,冻土层的变形模量和泊松比分别为 E_1, v_1;下层不冻土层的变形模量和泊松比分别为 E_2, v_2;当基础上作用有上部荷载 F 时,在基底产生的附加压力为 p_0,基础底面中心线下冻结界面上的 A 点处、由上部荷载 F 产生的附加应力 σ_n 的值可由双层地基理论求出,并可写成 $\sigma_n = \alpha \cdot p_0$ 的形式。其中 α 为冻结界面与基础底面中心线的交点处双层地基的竖向附加应力系数。

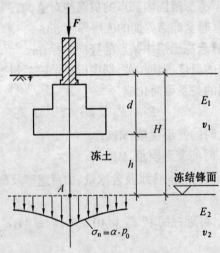

图 4.18 荷载作用在冻土地基上

图 4.19 为放置在冻土层内的同一基础,所不同的是将 F 的作用换成了固定支座,在基础中心线下冻结界面上的 B 点处,由冻胀效应引起的法向冻胀应力为 σ_{fh},在固定支座内产生的

支反力为 P,当冻胀作用充分发挥时,若 $F = P$,则 σ_{fh} 的大小与分布与 σ_n 理应完全相同,即这一时刻的法向冻胀应力 σ_{fh} 可以看成是 σ_n 的反作用力,它的值也可以通过计算 σ_n 的值得出。

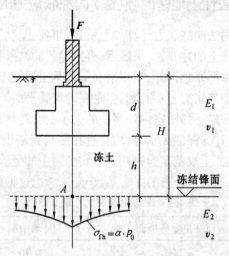

图 4.19 冻胀力作用在地基上

即
$$\sigma_{fh} = \sigma_n = \alpha \cdot p_0 \tag{4.10}$$

这样,就将一个极为复杂的法向冻胀应力的计算问题转化成了一个可以按照弹性理论计算的双层或水平成层的多层地基的竖向附加应力。从基础稳定性的角度考虑,在忽略了切向冻胀力的作用效应后(切向冻胀力可以通过在基础两侧填砂或水泥砂浆抹面等手段予以消除),如果作用在基础之上的冻胀应力的合力 P 小于等于上部结构的有效压重(力)F,则基础就不会被抬起,基础的稳定性就是有保证的。而作用在基础上的冻胀应力的合力与基础的形状、尺寸有关,在整个冻结、冻胀的发展过程中,基底下冻土层的厚度随时间而不断的变化,也会影响土体法向冻胀应力的大小。我国现行的《冻土地区建筑地基基础设计规范》(JGJ 118—98)借用弹性理论中双层或水平成层的多层地基的竖向附加应力问题的相关公式、利用现代计算技术、采用数值求解的方法、给出了在基础不被抬起条件下,作用于冻结界面与基础底面中心线的交点处允许的最大冻胀应力,该应力为

$$\sigma_{fh} = \alpha_d \cdot p_0 \tag{4.11}$$

式中 α_d——冻结界面与基础底面中心线的交点处双层地基的竖向附加应力系数,见附录 A。

p_0—— 基底附加压力,kPa;

为安全起见,此处的 p_0 应取在 0.9 倍永久荷载标准值作用下基础底面的平均附加压力值。

土体冻结后体积的膨胀变形受到了约束而产生了冻胀应力,膨胀变形趋势越强,受到的约束效应就越明显,土体中的冻胀应力也就越大;而土类、温度、温度的持续时间、含水量、含冰量及应力水平等诸多因素的影响最终都归结到土体冻胀性的强弱上,因此冻胀应力的大小可以看成是土体冻胀性强弱的函数;同时,温度及温度持续的时间、土类、含水量的多少等还会对当地的标准冻深、设计冻深及计算冻胀应力时的实际冻深产生影响。考虑上述诸因素,给出了土体在完全约束条件下,实际冻层厚度为 z^t 时,由冻胀效应引起的冻胀应力 σ_{fh} 的计算曲线图见

附录 A。

4.4.3 采暖作用对冻胀性土地基的竖（法）向冻胀应力的影响

不采暖的建筑物基础的法向冻胀力计算如上所述。事实上，大量的建筑物均有采暖设施，对于室内地面直接建在土体上的建筑物，采暖后，直接导致的结果是建筑物基础周围实际冻深的减少，尤其是基础内侧，除严寒地区外，很多情况下都是正温状态，特别是上部近地面处的一段范围，均为正温，这对减小冻胀力非常有利。但是在建筑物平面的不同部位，冷能传递数量不同，因此，其影响程度也不一样；另外，室内外高差的大小也会对热量的传递构成影响；同时，基础埋置深度的不同、场地设计冻深的大小等，均会直接影响到基础周围冻土的分布特征，因而影响到法向冻胀力的数值。冻土规范是通过两个以实测为主的经验系数——采暖对冻深的影响系数 ψ_t 和采暖对基础周围冻土分布的影响系数 ψ_h 来考虑这种影响的，见表 4.1 和表 4.2。

表 4.1　采暖对冻深的影响系数 ψ_t

室内地面高出室外地面 /mm	外墙中段	外墙角段
≤ 300	0.70	0.85
≥ 500	1.00	1.00

注：① 外墙角段系指从外墙阳角顶点算起，至两边各设计冻深 1.5 倍的范围内的外墙，其余部分为中段。
② 采暖建筑物中不采暖的房间（门斗、过道和楼梯间等），其基础的采暖影响系数与外墙相同。
③ 采暖对冻深的影响系数适用于室内地面直接建在土上；采暖期间室内平均温度不低于 10 ℃；当小于 10 ℃ 时，ψ_t 宜采用 1.00。
④ 非采暖的建筑物，内、外墙基础的采暖对冻深的影响系数 $\psi_t = 1.10$；非采暖建筑物系指室内温度与自然温度相似，且很少得到阳光的建筑物。

表 4.2　采暖对基础周围冻土分布的影响系数 ψ_h

部位	ψ_h
凸墙角　（阳墙角）	0.75
直线段　（直墙段）	0.50
凹墙角　（阴墙角）	0.25

考虑采暖效应后，作用在基础上的法向冻胀压力

$$p_h = \psi_v \cdot \psi_h \cdot p_e \quad (4.12)$$

式中　p_h——采暖条件下，作用在基础上的法向冻胀压力，kPa；

p_e——裸露场地条件下，作用在基础上的法向冻胀压力，kPa；其值为 $p_e = \dfrac{\sigma_{fh}}{\alpha_d}$，$\sigma_{fh}$ 为裸露场地条件下，计算深度处土的法向冻胀应力，kPa，

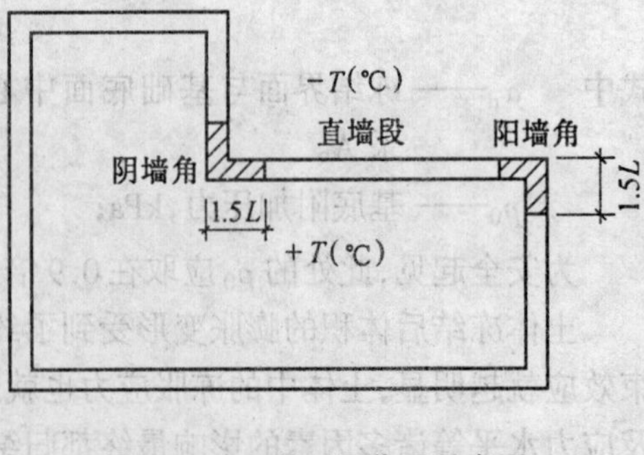

图 4.20　ψ_h 的适用位置示意图

α_d 为在基础底面下，要求某一冻层厚度时的法向冻胀应力系数；

ψ_h——采暖对基础周围冻土分布的影响系数,见表 4.2 和图 4.20;

ψ_v——由于建筑物采暖,基础底面下冻层厚度减少对冻胀力的影响系数,应用时,按下式计算:$\psi_v = \dfrac{\dfrac{\psi_t+1}{2} \cdot Z_d - d_{\min}}{Z_d - d_{\min}}$,$Z_d$ 为设计冻深,m,$d_{\min}$ 为自室外自然地面算起的基础的最小埋深,m,ψ_t 为采暖对冻深的影响系数,见表 4.1。

为了保持基础的稳定性,必须使

$$p_0 \geqslant p_h \tag{4.13}$$

式中 p_0——永久荷载标准作用下基础底面的平均附加压力值,出于安全的考虑,上部结构的永久荷载应乘以 0.9 的系数。

以上计算均未考虑切向冻胀力的作用,是建立在没有切向冻胀力或切向冻胀力已通过采取某种措施(如在基础两侧填塞厚度不小于 100 mm 的砂层或水泥砂浆抹面及涂刷沥青等手段)予以全部消除的条件下得到的。实际工程中,如果不能满足此条件,则必须考虑切向冻胀应力的影响,将永久荷载标准值作用下基础底面的平均附加压力值 p_0 扣除切向冻胀应力的影响后,再与 p_h 值相比较。此处的切向冻胀力在数值上等于冻土与基础间的切向冻胀力设计值 τ_{di} 与土体冻结在一起的基础侧表面积 A_{ri} 的乘积;冻土与基础间的切向冻胀力设计值 τ_{di} 可取当地的实测值,当无实测值时,可按表 4.3 查取。

表 4.3 冻土与基础间的切向冻胀力设计值 τ_{di} kPa

基础类型	冻胀类别 弱冻胀土	冻胀土	强冻胀土	特强冻胀土
桩、墩基础(平均单位值)	$30 < \tau_d \leqslant 60$	$60 < \tau_d \leqslant 80$	$80 < \tau_d \leqslant 120$	$120 < \tau_d \leqslant 150$
条形基础(平均单位值)	$15 < \tau_d \leqslant 30$	$30 < \tau_d \leqslant 40$	$40 < \tau_d \leqslant 60$	$60 < \tau_d \leqslant 70$

注:表列数值以正常施工的混凝土预制桩为准,其表面粗糙度系数 $\psi_r = 1.0$,当基础表面粗糙时,其表面粗糙度系数 $\psi_r = 1.1 \sim 1.3$。

表 4.3 中的 τ_{di} 值同样是在裸露场地条件下得到的;对于采暖建筑,应考虑采暖及采暖对基础周围冻土分布的影响系数 ψ_h 的有利影响;应用时其采暖及采暖对基础周围冻土分布影响的综合影响系数可按下式计算

$$\psi_{th} = \dfrac{\psi_t+1}{2} \cdot \psi_h \tag{4.14}$$

裸露场地条件下的切向冻胀力与采暖及采暖对基础周围冻土分布影响的综合影响系数的乘积,即相当于考虑了采暖效应对切向冻胀力的影响,就可用于具体的工程计算。

4.5 冻结土体融化过程中的变形量

4.5.1 冻结土体融化过程中的压缩性

土体在冻结过程中,由于水分的迁移、相变成冰膨胀导致土颗粒间的距离加大、各土颗粒间含有冰晶体或冰夹层,它们与土颗粒一起承受外荷载。升温过程中,冰逐渐融化相变成水,冰

所承受的荷载转嫁给土粒,使土颗粒承受的应力增加,同时,冰相变成水后,土体变湿,此时土(正融土)的含水量比非冻土大,排水过程中土粒间更容易滑动,即使是在自重作用下,土粒间彼此挤紧产生的压缩量也非常可观,因此其沉降特征与未冻土有很大的差异。

为了模拟一维导热和无侧向膨胀时的压缩,在采用完全侧限条件的同时,采用平行平面融化。采用如图 4.21 所示的装置,它能保证冻土试样通过来自加热传压板的热量随时间以平行平面融化,且试验既可以在土样无荷载情况下进行,也可以对土样施加均布荷载,让试样在均布荷载作用下进行融化。按照融化、压密时的边界条件,应用上述压缩仪器,我们可以得到未冻土和同一种土冻结后又融化且在一定荷载作用下压密(正融土和未冻土)的压缩曲线(图4.22,其中的压力为 100 kPa)。

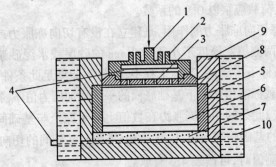

图 4.21　冻土融化压缩仪
1—加热传压板;2—热循环水进出口;3—透水板;4—上下排水孔;5—试样环;6—试样;7—透水板;8—滤纸;9—导环;10—保温外套

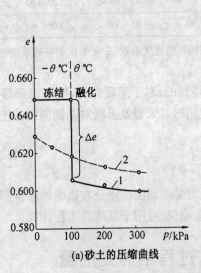

(a)砂土的压缩曲线

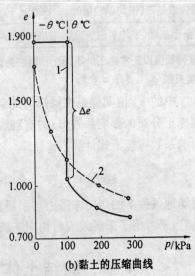

(b)黏土的压缩曲线

图 4.22　冻结砂土、黏土的融化压缩曲线
1—冻土融化时;2—未冻土(正温下)

4.5.2 冻土地基融化时的变形量计算

比较上述压缩曲线,可以看出未冻土和冻土融化过程中相差最大的是孔隙比的变化量;而决定冻土沉降量值的恰恰是孔隙比的改变量。在土融化及沉降稳定后,继续加荷,并观测其压缩沉降直到完全稳定为止,同样可以得到在所研究的范围内冻土融化时孔隙比改变量与外压力之间的关系曲线(图4.23)。也就是说,根据试验曲线观测:至少是在压力不超过300 kPa的范围内,孔隙比改变量 Δe 与所受压力间呈很好的直线关系,如果设其竖向截距为 A,则

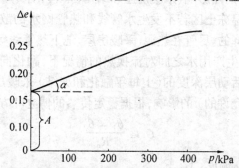

图4.23 冻土融化时孔隙比改变与外压力 P 的关系

$$\Delta E = A + p \cdot \tan \alpha \tag{4.15}$$

上式表示冻土融化并同时压密时孔隙比的变化是由两部分组成的:第一项 A 与外压力无关,可以看成是冻土融化后冰相变成水、冰应力消失、冰所占据的空间被挤密所导致的孔隙体积减小及土体湿陷等引起的沉降量;第二项为在所研究的压力范围内与外压力成正比的 $p \cdot \tan \alpha$,即外荷载引起的沉降量,其中的 $\tan \alpha$ 是与土性及荷载 p 有关的常数,可以称为正融土的压密系数或体积压缩系数,这里的荷载 p 包括土体的自重压力与附加压力,因为土体融化、排水过程中在自重作用下,土粒间滑动、彼此挤紧产生压缩;当土中含有较厚的冰夹层(一般超过 10 mm)时,尚应计入冰夹层融化后引起的沉降量。这几部分沉降量叠加,就是正融土的最终沉降量,即

$$S = \sum_{i=1}^{n} \delta_{0i}(h_i - \Delta_i) + \sum_{i=1}^{n} m_{vi}(h_i - \Delta_i)p_{ri} + \sum_{i=1}^{n} m_{vi}(h_i - \Delta_i)p_{0i} + \sum_{i=1}^{n} \Delta_i \tag{4.16}$$

式中 S——正融土的最终沉降量,mm;

δ_{0i}——无荷载作用时,第 i 层土融化下沉系数,与土的含水量及干密度有关;

h_i——第 i 层土的厚度,mm,与未冻土一样,h_i 宜小于等于 $0.4b$,b 为基础短边尺寸;

Δ_i——第 i 层土中冰夹层的平均厚度,mm,一般当 Δ_i 大于等于 10 mm 时才计取;

m_{vi}——第 i 层融土的体积压缩系数,与土性及荷载 p 有关,应由试验确定;

p_{ri}——第 i 层土的自重压力,kPa;

p_{0i}——基础中心线下,地基土融冻界面处第 i 层土的平均附加应力,kPa。

冻土地基在最大融深范围内不完全预融时,其下沉量可按下式计算

$$S = S_m + S_a \tag{4.17}$$

式中 S_m——已融土层厚度 h_m 内的下沉量,按式(4.18)计算,此时的 δ_{0i} 为0,Δ_i 为0;

S_a——已融土层下的冻土在使用过程中逐渐融化压缩的下沉量,仍按式(4.18)计算,

此时的计算深度 $h_t = H_u - h_m$，H_u 为地基土的融化总深度，$H_u = H_{max} + 0.2h_m$，其中的 H_{max} 为地基冻土的计算最大融深，0.2 为融土的蓄热影响系数，h_m 为已融土层厚度。

4.5.3 冻土地基一维冻胀条件下地基土的最大计算融化深度 H_{max}

在冻土层上修建结构物时，结构物建造及使用期间的热效应对场地的稳定性具有极其重要的作用。此时局部因素的热影响(采暖房屋和结构物、地下水、热管线)可能会导致地基土部分融化、甚至失稳。在低温冻土区若不发生水管线和热管网水的散失情况，一般情况下建筑场地的地温总的来说是下降的。尽管在热源(采暖房屋、地下热管线等)作用下冻土层部分(或局部)融化，在无地下水和生产用水之间对流换热的情况下，融化向侧向扩展并不远。对建造于冻土层上的宽度远大于活动层深度的(土每年融化和冻结)采暖房屋，若略去侧向热损失(当房屋基底面积很大时是允许的)的影响，根据稳定传热的傅立叶方程有

$$Q \approx \frac{\theta_1 - \theta_2}{R_o} \cdot t \tag{4.18}$$

式中　θ_1——室内(正)温度，℃；

　　　θ_2——冻土层的平均温度，℃；

　　　Q——通过房屋地板进入土中的热量，J/m²；

　　　R_o——房屋地板的热阻，m²·h·℃/J；

　　　t——时间，h。

由此可见在整个房屋使用期间都有热流由房屋进入土中，其强度的大小，取决于温差及地板的热阻。房屋内部的热量连续地进入冻土层后，导致冻土层内的温度出现明显的变化，最终在结构物的地板下形成融化盘。实际应用时只有排走热量(利用冬季通风地下室或用其他方式)才能保证维持地基土处于冻结状态。相应的观测及计算证明：除了尺寸很小的建筑物，其宽度大于冬季冻结深度不多，而向土中侧向散热较大，基底下将不能形成融化盘(但这种情况在实践中是极少见的)以外，其他都将形成"融化盘"。考虑冻土层温度场的影响时，应首先考虑采暖房屋和结构物所散出的热量，该热量明显地超过建筑物以外土体的传热变化影响。

采暖房屋地基土融化深度的计算是一个十分复杂的课题，有多年冻土的国家，早就进行了大量研究，但都有其局限性。建筑物下地基土的融深受采暖温度、冻土组构及冻土的年平均地温等因素的影响，而且是一个不稳定的三维温度场。当房屋的长宽比大于4时，融深问题可以近似的按二维问题求解。即使如此，要想找到一个与实际吻合较好的计算方法，也是很难的。从工程的角度而言，可考虑按一维传热理论先探求在建筑物热能影响下的最大融深 H_{max}，然后根据经验或实测数据进行修正，以满足工程的需要。按照这样的思路，我们首先假定：① 地基为弹性半空间体；② 房屋已使用了几年或几十年，地基融深已达最大值，融化盘相对稳定。

此时以一维传热原理来探求房屋的最大融深计算式，这时房屋采暖传入地基中的热量，由于地基土的热阻有限，通过室内地面传到融冻界面的热量，稳定传热时(融化盘稳定时)趋近于一个常量 Q_1。地基土在气温影响范围内的土温变化随气温变化而波动，夏季升温，冬季降温，储蓄在冻土中的热量 Q_2 在降温时为低温冻土所吸收，即散热。在气温影响范围内的土温普遍降低，降温是不均匀的，融化盘周围降温大，盘中降温小，反之亦然。每年升、降循环一次，使蓄热、散热相对平衡，融深稳定在最大值，融化盘相对稳定而基本无变化时，称为稳定融化盘。

根据上面的分析,当房屋地基土融深已达最大值时,假定地基土为均质土体,室内地面温度不变,室内地面到融冻界面的距离均为 H_{max},同时从室内地面至冻土内热影响范围面的距离均为 h,在单位时间内的传热量包括:通过室内地面传至融冻界面的热量 Q_1 和由融冻界面传至冻土中的热量 Q_2。

1. 通过室内地面传至融冻界面的热量 Q_1

$$Q_1 = \frac{\lambda_u}{H_{max}} \cdot A \cdot (T_B - 0) \tag{4.19}$$

式中　λ_u——地基土(包括室内外高差部分构造材料)融化状态的加权平均导热系数,W/(m·℃);

H_{max}——房屋地基土最大融沉,m;

T_B——室内地面平均温度,℃,以当地同类房屋实测值为宜,若地面设有足够的保温层时,可取室温减 2.5~3.0℃;

A——室内地面导热面积,m²。

2. 由融冻界面传至冻土中的热量 Q_2

$$Q_2 = \frac{\lambda_f}{h - H_{max}} \cdot A' \cdot (0 - T'_{cp}) \tag{4.20}$$

式中　T'_{cp}——最大融深下冻土年平均温度,℃;

A'——融化盘(冻融界面)面积,m²;

λ_f——地基土冻结状态的加权平均导热系数,W/(m·℃)。

从室内地面传至融冻界面的热量 Q_1 与从融冻界面传至冻土中的热量 Q_2 应相等,则

$$\frac{\lambda_u}{H_{max}} \cdot A \cdot (T_B - 0) = \frac{\lambda_f}{h - H_{max}} \cdot A' \cdot (0 - T'_{cp}) \tag{4.21}$$

整理,引入长宽比 $L/B = n$,代入后得

$$H_{max} = \frac{\lambda_u \cdot T_B}{(\lambda_u \cdot T_B - \lambda_f \cdot T'_{cp} \cdot \frac{A'}{A})} \cdot \frac{B \cdot n \cdot h}{L} \tag{4.22}$$

实用时,由于 A' 未知,难于求解,实际的融化盘是一个三维或接近二维的非稳定温度场。λ_f 是稳定融化盘下热影响范围内冻土的导热系数,但在稳定融化盘形成过程中,融冻界面是由室外地面逐渐下移的,即地面下的冻土是逐渐融化成融土的,融深的大小与室内热源传入地面下地基土中的热量成正比,而与冻土融化、相变热等消耗的热量成反比。因此,λ_f 采用地基土冻结状态的加权平均导热系数,同时冻土的组构在同一幢房屋下也是不均匀的等因素,引入综合影响系数 ψ_J,并表示成 n 的函数,取最大融深下冻土年平均温度等于冻土的年平均地温 T_0(地温变化趋近于零处的地温,两者基本一致),这样上式就写成

$$H_{max} = \psi_J \frac{\lambda_u \cdot T_B}{(\lambda_u \cdot T_B - \lambda_f \cdot T_0)} \cdot B \tag{4.23}$$

土质对融深亦有影响,粗粒土导热系数大,传热量多,导致地基土的融深增大很多,同时粗粒土与细粒土的组构特征也不一样,故需增加一土质系数 ψ_c 项,并采用 $\psi_c \cdot h_c$ 的表达形式,这样上式就变成

$$H_{max} = \psi_J \frac{\lambda_u \cdot T_B}{(\lambda_u \cdot T_B - \lambda_f \cdot T_0)} \cdot B + \psi_c \cdot h_c \tag{4.24}$$

室内、外有高差 Δh，由室内地面传入冻土地基的热量经过保温层时一部分由高出室外地面的勒角散发于室外大气中，因此，融深要相对减小，其减小量以高差影响系数 ψ_Δ 来表示，这样，最大融深计算式变成

$$H_{max} = \psi_J \frac{\lambda_u \cdot T_B}{(\lambda_u \cdot T_B - \lambda_f \cdot T_0)} \cdot B + \psi_c \cdot h_c - \psi_\Delta \cdot \Delta h \tag{4.25}$$

式中　ψ_J——综合影响系数，可实测或按图 4.24 查取；

　　　λ_u——地基土（包括室内外高差部分构造材料）融化状态的加权平均导热系数，W/(m·℃)；

　　　λ_f——地基土冻结状态的加权平均导热系数，W/(m·℃)；

　　　T_B——室内地面平均温度，℃，以当地同类房屋实测值为宜，若地面设有足够的保温层时，可取室温减 2.5～3.0 ℃；

　　　T_0——冻土的年平均地温，℃，实用时可取 $T_0 = T'_{cp}$；

　　　T'_{cp}——最大融深下多年冻土年平均温度，℃；

　　　B——房屋宽度，m；

　　　ψ_c——粗粒土土质系数，可实测或按图 4.25 查取；

　　　h_c——粗粒土在计算融深内的厚度，m；

　　　ψ_Δ——室内外高差影响系数，可实测或按图 4.26 查取；

　　　Δh——室内外高差，m。

这是一个半经验、半理论，以经验为主的计算式。

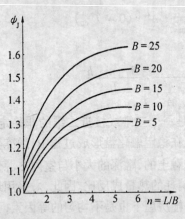

图 4.24　综合影响系数 ψ_J
B—房屋宽度，m；L—房屋长度，m

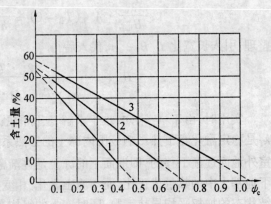

图 4.25　粗粒土土质系数 ψ_c
1—卵石；2—碎石；3—沙砾

一般在地基土融沉压密后，室、内外高差不应小于 450 mm，冻土地区的房屋，应设置足够的地面保温层，同时还应设置厚勒角。采暖房屋地基土达最大融沉时，房屋横断面地基土各点的实际融深 y 可在上述计算所求出的最大融深 H_{max} 基础上按下式确定（图 4.27）：

$$y = H_{max} - a \cdot (x - b)^2 \tag{4.26}$$

式中　a——融化盘形状系数，1/m；

　　　b——最大融深偏离房屋中心的距离，m。

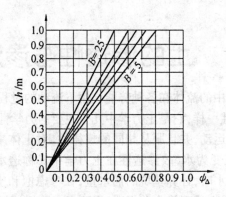

图 4.26　室内外高差影响系数 ψ_Δ

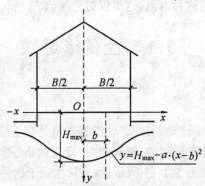

图 4.27　房屋横断面融深示意图

x—— 所求融深点距坐标原点的距离,m;

a,b 统称形状系数,与建筑物的用途有关,可实测或按表 4.4 查取。外墙下融深,亦可按式 $y = H_{max} - a \cdot (x-b)^2$ 求得,此时,所求融深点距坐标原点的距离应按下列规定取值:南面或东面外墙下取 $x = \dfrac{B}{2}$;北面或西面外墙下取 $x = -\dfrac{B}{2}$。

表 4.4　融化盘横断面形状系数 a,b 值

房屋类别		宿舍住宅	公寓旅店	小医院电话所	各类商店	办公室	站房或类似房屋
$a/(m^{-1})$		0.06 ~ 0.16	0.04 ~ 0.10	0.05 ~ 0.11	0.05 ~ 0.14	0.05 ~ 0.12	0.04 ~ 0.09
b/m	南北向（偏东）	0.10 ~ 1.0	0.3 ~ 1.2	0.5 ~ 1.4	0.3 ~ 1.0	0.3 ~ 1.2	0.3 ~ 1.6
	东西向（偏南）	0.0 ~ 0.3	0.0 ~ 0.6	0.0 ~ 0.4	0.0 ~ 0.4	0.0 ~ 0.5	0.0 ~ 0.7

注:房屋宽度 B 大的"b"用大值,"a"用小值。

第5章 土的渗透性与渗流计算

渗透性研究的是土孔隙中的流体在各种势能作用下流动的过程及其规律性以及对工程的影响,同土的强度和变形特性一样,它是土力学中几个主要的力学性质。广义地讲,各种多孔介质中都存在着流体的传输与运动,并且服从相同的规律性。对土体来讲,孔隙中的流体是水和空气,当土体完全饱和时,就变为水,故渗透性在土力学中又称透水性。我们研究土体的透水性,其目的在于基坑开挖、排水时,计算基坑的涌水量,在考虑饱和土体的沉降与时间关系时,计算土体的排水时间,在河滩上修建渗水路堤时,需要考虑路堤填料的渗透性、稳定性等。

土的渗透分为层流与紊流两种情况,地下水流速较慢、流线相互平行的渗流称为层流,流速较快、流线相互交叉的渗流称为紊流,这里仅讨论层流。

5.1 土的渗透性

5.1.1 渗流模型

地下水是在土体的孔隙中流动的,或者说渗透现象是在土体的孔隙间发生的。由于土体孔隙受土粒的大小、形状及其分布所制约,弯弯曲曲、迂回曲折,形状极为复杂,因而导致渗流水质点的运动轨迹很不规则,如图 5.1(a) 所示。如果只注重于这些真实渗流情况的分析,不仅会使理论分析复杂化,同时也会使试验、观察变得异常困难,甚至无法进行。因而宏观上可以从统计平均的角度出发,对渗流过程做一些适当的简化:一是不考虑渗流路径的迂回、曲折,只分析它的主要流向;二是不考虑土体中颗粒形状的影响,认为孔隙和土粒所占据的空间之总和均被渗流所充满。作了这种简化后的渗流实质上是一种理想化了的假想渗流,称之为渗流模型,如图5.1(b) 所示。为了使渗流模型在渗流特性上与真实土体的渗流相一致,它还应该符合以下要求:

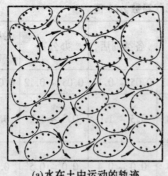
(a)水在土中运动的轨迹

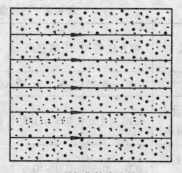
(b)理想化的渗流模型

图 5.1 渗流模型

(1) 在同一过水断面上,渗流模型的流量应等于土体的真实渗流量;
(2) 在任一界面上,渗流模型的压力等于土体真实的渗流压力;
(3) 在相同的体积内,渗流模型所受到的阻力等于土体真实的渗流阻力。

有了渗流模型后,就可以采用流体或液体的有关概念和理论进行土体渗流问题的分析、计算。

5.1.2　土层的渗透定律——达西(H.Darcy)定律

1885年,法国学者达西(H.Darcy)用如图5.2所示的装置进行了砂土的过水试验,发现渗过试样的流量Q与能量(势能)损失成正比,与水流动的距离(流线长度)L成反比。对于水来讲,其能量损失可以用位于上、下游测压管的水位差ΔH来表示,由此得出如下关系式

$$Q = k \cdot F \cdot \frac{\Delta H}{L} \cdot t \tag{5.1}$$

式中　Q——渗流量,m³;
　　　F——过水断面面积,m²;
　　　k——渗透系数,m/s;
　　　ΔH——所考查两点间的水头差,m;
　　　L——水流线的长度(距离),m。

如以单位面积上的流量表示,并令

$$i = \frac{\Delta H}{L} \tag{5.2}$$

则

$$q = \frac{Q}{F} = k \cdot i \tag{5.3}$$

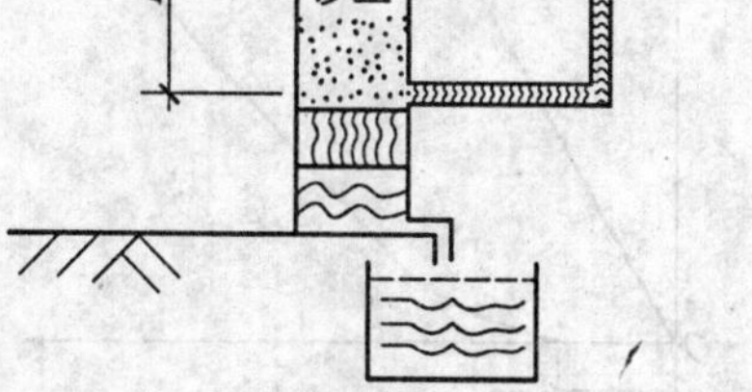

图5.2　H.Darcy的过水试验装置

将单位流量q改为渗透速度v,则

$$v = k \cdot i \tag{5.4}$$

式中　i——水头梯度,亦称水力坡降;
　　　v——地下水的渗透速度,m/s。

这就是人们熟知的达西定律,表示单位面积上、在单位时间内的渗流量与水力梯度之间或渗透速度与水力梯度之间呈线性比例关系,其比例系数 k 称为渗透系数。H.Darcy 定律反映的不是土体中地下水的真实速度,而是单位时间内某一断面的过水量,式(5.1)中的过水断面由土粒和水通道共同组成,实际的过水通道面积为 $n \cdot F$,水真实流速应为 v/n,其中 n 为土的孔隙率。

工程中,如果地面下钻有两个孔(图5.3),孔内水位差为 ΔH,由于 A,B 两点具有水位差,所以 A 点的水要向 B 点流动。设 A,B 两点间水流动的距离为 L,按达西定律,地下水的渗透速度就可以写成 $v = k \cdot i$,用图表示就是图5.4中的直线 a。如果改用黏性土,描点法画图,仍可得到图5.4中的曲线 b,黏性土 $v - i$ 曲线的后段仍为直线,当 i 值较小时,由于黏土表面存在着电场,表面有结合水膜,结合水因受到电分子引力作用而呈现黏滞性,自由水分子通过结合水膜时要克服结合水膜的黏滞阻力而消耗能量,所以只有当水头梯度大到足以克服这部分阻力时,才有渗透现象发生。当水力梯度较小时,渗透速度与水力坡降之间呈某种曲线关系,只有当水力梯度足够大时,才呈直线。为简化起见,黏土中的渗透规律仍采用直线表示,具体可将直线段延长至与 i 轴相交,其交点设为 i_0,这就是黏土中的达西定律,即

$$v = k \cdot (i - i_0) \tag{5.5}$$

式中 i_0 —— 起始水头梯度,由试验获得。

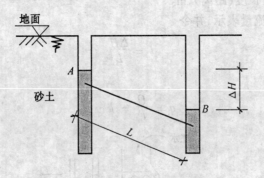

图5.3 工程中用达西定律计算渗流示意图

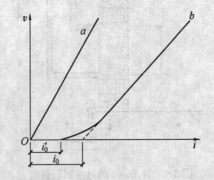

图5.4 渗透速度 v 与水头梯度 i 之间的关系

5.1.3 土的渗透系数 k

渗透系数 k 是土体本身所固有的参数,它反映了土体透水性的强弱,其物理意义为:水力

梯度为1时的地下水流速,其值的变化范围见表5.1。它的大小不仅取决于岩土的性质(如土中孔隙的大小、形状等),而且还和水的物理性质(如比重和黏滞性等)有关。

表5.1 土的渗透系数 k 值

土的类别	渗透系数 $k/(m \cdot s^{-1})$	土的类别	渗透系数 $k/(m \cdot s^{-1})$
黏　　土	$< 5 \times 10^{-8}$	细　　砂	$1 \times 10^{-5} \sim 5 \times 10^{-5}$
粉质黏土	$5 \times 10^{-8} \sim 1 \times 10^{-6}$	中　　砂	$5 \times 10^{-5} \sim 2 \times 10^{-4}$
粉　　土	$1 \times 10^{-6} \sim 5 \times 10^{-6}$	粗　　砂	$2 \times 10^{-4} \sim 5 \times 10^{-4}$
黄　　土	$2.5 \times 10^{-6} \sim 5 \times 10^{-6}$	圆　　砾	$5 \times 10^{-4} \sim 1 \times 10^{-3}$
粉　　砂	$5 \times 10^{-6} \sim 1 \times 10^{-5}$	卵　　石	$1 \times 10^{-3} \sim 5 \times 10^{-3}$

计算地下水的渗透速度或计算基坑涌水量时,必须事先知道土体的 k 值。k 值一般可通过下述几种方法获得。

1. 室内常水头渗透试验

在图5.2中,时间 t 及与 t 相对应的涌水量 Q、土样长度 L 及 L 范围内的水头差 ΔH、过水圆管的过水面积 F 等均为已知,则

$$k = \frac{Q \cdot L}{\Delta H \cdot F \cdot t} \tag{5.6}$$

2. 室内变水头渗透试验

如图5.5所示,设土样的截面面积为 F、储水管横截面面积为 a、土样高度为 L,试验开始时,储水管水头为 h_1,经时间 t 后降为 h_2,在时间增量 dt 内,通过土样的流量 $dQ = k\frac{h}{L}Fdt$,相应储水管内流量的减少量 $dQ = -adh$,两者表示的是同一个流量,故

$$dQ = k\frac{h}{L}Fdt = -adh \tag{5.7}$$

整理后两边同时积分,得

$$-\int_{h_1}^{h_2} \frac{dh}{h} = \frac{k \cdot F}{a \cdot L} \cdot \int_0^t dt \tag{5.8}$$

即

$$\ln\frac{h_1}{h_2} = \frac{k \cdot F}{a \cdot L} \cdot t \tag{5.9}$$

故

$$k = \frac{a \cdot L}{F \cdot t} \cdot \ln\frac{h_1}{h_2} \tag{5.10}$$

3. 现场抽水试验

单一土层可以取样在室内测定,实际工程中的土体都是成层的,有时室内测试结果很难代表现场实际情况,这时亦可采用现场降(抽)水试验确定 k 值。抽水前,在试验现场先钻一个中心抽水井,根据井底土层的情况,此井可分为完整井(井底位于不透水层)和非完整井(井底位于透水土层)两种类型。在距中心井半径为 r_1 和 r_2 两处再布置2个观测孔,以观察周围地下水位的变化,试验开始后,在时间 t 内,抽水井(孔)抽出的水量为 Q,由于抽水在土中形成一个降落漏斗,对于无压完整井,根据裘布依(Dupuit)假定:抽水影响范围内任一半径处的水头梯度

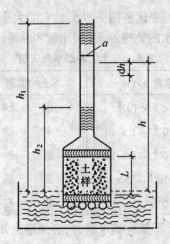

图 5.5 室内变水头渗透试验装置图

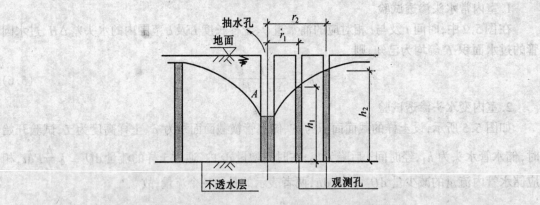

图 5.6 Dupuit 完整井抽水试验示意图

i 为常数,即 $i = \mathrm{d}h/\mathrm{d}r$,任一半径处的过水断面面积为 $2 \cdot \pi \cdot r \cdot h$,代入达西定律后得抽水量 Q 的表达式为

$$Q = k \cdot i \cdot F \cdot t = k \frac{\mathrm{d}h}{\mathrm{d}r} \cdot 2 \cdot \pi \cdot r \cdot h \cdot t \tag{5.11}$$

整理后两边同时积分,得

$$Q \cdot \int_{r_1}^{r_2} \frac{\mathrm{d}r}{r} = k \cdot 2 \cdot \pi \cdot t \cdot \int_{h_1}^{h_2} h \cdot \mathrm{d}h \tag{5.12}$$

即

$$Q \cdot \ln \frac{r_2}{r_1} = k \cdot \pi \cdot t \cdot (h_2^2 - h_1^2) \tag{5.13}$$

据此有

$$k = \frac{Q}{\pi \cdot t \cdot (h_2^2 - h_1^2)} \cdot \ln \frac{r_2}{r_1} \tag{5.14}$$

按式(5.14)求得的 k 值为 $r_1 \leq r \leq r_2$ 范围内的平均值。试验过程中,如果不设观察井,则需要增加降深次数,同时还需要量测抽水井内的水深 h_0 和降水的影响半径 R,此时

$$k = \frac{Q}{\pi \cdot t \cdot (H^2 - h_0^2)} \cdot \ln \frac{R}{r_0} \tag{5.15}$$

对于无压非完整井,同样可以求得

$$k = \frac{Q}{\pi \cdot t \cdot [(H-h')^2 - h_0^2][1 + (0.3 + \frac{10r_0}{H})\sin(\frac{1.8h'}{H})]} \ln \frac{R_0}{r_0} \qquad (5.16)$$

式中 H——不受降水影响的地下水面到不透水层的距离,m;

h_0——抽水井内的水深,m;

h'——井底至不透水层层面的距离,m;

r_0——抽水井半径,m。

4. 成层土的渗透系数

实际工程中均是成层土,其渗透分为竖向渗透和水平向渗透两种。由于土体是各向异性材料,水平方向和竖直方向的渗透系数各不相同,需分别确定。

(1)水平向渗流时的平均渗透系数 k_h

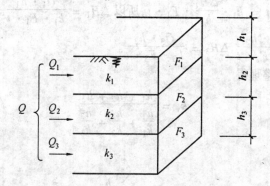

图5.7 土体水平向渗流示意图

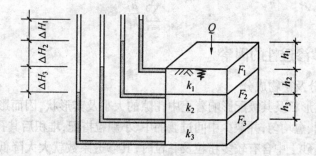

图5.8 土体竖向渗流示意图

如图5.7所示,土体的平均渗透系数为 k_h,各层土的渗透系数分别为 k_1,k_2,k_3,层厚分别为 h_1,h_2,h_3,过水断面面积分别为 F_1,F_2,F_3,相应的流量分别为 Q_1,Q_2,Q_3,总流量为 Q。根据达西定律有 $Q_1 = k_1 i_1 F_1 t, Q_2 = k_2 i_2 F_2 t, Q_3 = k_3 i_3 F_3 t, Q = k_h i F t$,水平向流动时,各层土的水头梯度均相同,即 $i = i_1 = i_2 = i_3$,总截面面积 $F = F_1 + F_2 + F_3$,总流量应为各层流量之和,即

$$Q = k_h i F t = Q_1 + Q_2 + Q_3 = (k_1 i_1 F_1 + k_2 i_2 F_2 + k_3 i_3 F_3)t \qquad (5.17)$$

据此有

$$k_h = \frac{k_1 \cdot F_1 + k_2 \cdot F_2 + k_3 \cdot F_3}{F} \qquad (5.18)$$

当宽度相等时,写成通式

$$k_\mathrm{h} = \frac{\sum_{i=1}^{n} k_i \cdot h_i}{\sum_{i=1}^{n} h_i} \tag{5.19}$$

(2) 竖向渗流时的平均渗透系数 k_v

土体竖向渗流时，土层平均渗透系数为 k_v，总流量 Q 等于各分层流量，即 $Q = Q_1 = Q_2 = Q_3$，总渗流面积 F 等于各分层渗流面积，即 $F = F_1 = F_2 = F_3$，总水头损失 ΔH 等于各土层水头损失之和，即 $\Delta H = \Delta H_1 + \Delta H_2 + \Delta H_3$，代入达西公式后得

$$k_\mathrm{v} = \frac{Q}{F \cdot i \cdot t} = \frac{Q}{F \cdot \frac{\Delta H}{h_1+h_2+h_3} \cdot t} = \frac{Q \cdot (h_1+h_2+h_3)}{F \cdot (\Delta H_1+\Delta H_2+\Delta H_3) \cdot t} \tag{5.20}$$

由于 $Q_1 = k_1 i_1 F_1 t = k_1 \cdot \frac{\Delta H_1}{h_1} \cdot F_1 \cdot t$，所以 $\Delta H_1 = \frac{Q_1 \cdot h_1}{k_1 \cdot F_1 \cdot t}$。

同理，$\Delta H_2 = \frac{Q_2 \cdot h_2}{k_2 \cdot F_2 \cdot t}$，$\Delta H_3 = \frac{Q_3 \cdot h_3}{k_3 \cdot F_3 \cdot t}$。

代入式(5.20)，并整理得

$$k_\mathrm{v} = \frac{h_1 + h_2 + h_3}{\frac{h_1}{k_1} + \frac{h_2}{k_2} + \frac{h_3}{k_3}} \tag{5.21}$$

写成通式，即

$$k_\mathrm{v} = \frac{\sum_{i=1}^{n} h_i}{\sum_{i=1}^{n} \frac{h_i}{k_i}} \tag{5.22}$$

5.1.4 影响土体渗透性的因素

1. 土的粒度成分及矿物成分

土的颗粒大小、形状及其级配影响着土中孔隙的大小及其形状，因而影响土体的渗透性。土颗粒愈粗、愈浑圆、愈均匀，并缺少中间过渡的中、小颗粒搭配，堆积后其孔隙体积就会增大，因而其渗透性就大。砂土中含有较多粉粒及黏粒时，其渗透系数就大大降低。矿物成分对粗粒土及粉土的渗透性影响不大，但对于黏性土确有较大的影响。黏土中含有亲水性较大的黏土矿物（如蒙脱石）或有机质时，由于它们具有较大的膨胀性，其透水性就会大大降低，含有大量有机质的淤泥几乎是不透水的。

2. 结合水膜厚度

黏性土中若结合水膜厚度较厚时，会阻塞土的孔隙，降低土的渗透性，如低价离子（Na^+，K^+ 等一价离子）含量过多时，会使黏土颗粒表面扩散层的厚度增加，水分子通过时，将变得相对困难，所以其透水性就会降低。同样，如果土中高价离子含量过多（Al^{3+}、Fe^{3+} 等），会使土粒的扩散层减薄，黏土颗粒会凝聚成粒团，土的孔隙因而增大，其透水性就会明显增大。

3. 土的结构构造

天然土层构造不均匀，是各向异性的，土的渗透性也是如此，如黄土往往具有竖向大孔隙，所以其竖直方向的渗透系数要比水平方向大得多。层状黏土如果夹有薄的细、粉砂层时，在水

平方向的渗透系数也要比竖直方向大得多。

4. 水的黏滞度

水的动力黏滞系数 η、容重 γ 值均随温度而变化,一般情况下,容重 γ 的变化较小,可以忽略,但水的动力黏滞系数 η 随温度的变化应予考虑,故室内试验时,同一种土在不同的温度下会得到不同的黏滞系数值。天然土层中,除靠近地表的土层外,一般土中的温度变化均较小,可忽略温度的影响。但室内试验时的温度变化较大,理应考虑温度对渗透系数的影响。目前常以水温为 10 ℃ 时的 k、η 值为标准值,分别记为 k_{10},η_{10},其他情况可按下式修正,即

$$k_{10} = k_t \cdot \frac{\eta_t}{\eta_{10}} \tag{5.23}$$

式中　η_{10},η_t——分别为 10 ℃、t ℃ 时水的动力黏滞系数,$N \cdot s/m^2$,其值可查表。

　　　k_{10},k_t——分别为 10 ℃、t ℃ 时土的渗透系数,m/s。

5. 土中气体

土中气体的影响主要是指封闭气泡,封闭气泡的存在,阻塞了水的渗流,从而降低了土的渗透性。这种封闭气泡有时是由溶解于水中的气体分离出来的,故室内试验要求较高时,规定要用不含溶解空气的蒸馏水。土中与大气连通的气泡,则对土的工程性质基本无影响。

5.1.5　达西定律的适用范围

地下水的流动分为层流和紊流两种类型,层流时,其质点沿一固定途径流动,流线互不相交;紊流时,质点运动不规则,其流线可任意相交和再相交,并发生漩涡,因此紊流又称涡流。层流时,流速较慢,水流的摩擦水头损失以黏滞力为主,由惯性力引起的水头损失可略去不计。这时,流体服从牛顿黏滞定律,渗流服从达西定律。从层流区到紊流区中间存在着一个过渡区,在该过渡区的前段,仍属于层流范围,但此时流速增加,惯性力已不能忽略,$v - i$ 之间也明显地偏离直线关系,此时达西定律已不适用。也就是说,达西定律并不是适用于所有的层流土层,其适用的上限为层流区和过渡区的分界点。在细粒土的小孔隙内,水和固体颗粒表面之间有较强的作用力,使流体的流变方程偏离牛顿定律,渗流偏离达西定律,尤其是小流速、小梯度时更加严重,这是达西定律的下限,即 $v - i$ 曲线的曲线段或初始段。同时,细粒土在土的大孔隙中自由移动,或积聚堵塞通道,水压力或水流大时又被冲开重新流动,或被渗透的水流带走,也会使 $v - i$ 偏离直线。如果令

$$R_e = \frac{v' \cdot d}{\eta} \tag{5.24}$$

式中　R_e——雷诺(O. Reynold)数;

　　　v'——地下水的实际流速,m/d;

　　　d——孔隙的直径,m;

　　　η——地下水的运动黏滞系数,m^2/d。

现有的研究基本上趋向于当 R_e 的值约为 1~10 时,地下水的运动才可以用达西公式来描述。如果仅流线相互平行就为层流的话,垂直圆管中水流的流线也可能是相互平行的,但此时其雷诺数的临界值约为 2 000~2 200,此时的流速就不能用达西定律来描述。由此可见,达西公式适用的范围远比层流运动的范围要小。但自然界中地下水的实际流速大多为每日几米或十几米,其 R_e 的值一般为 1.0 左右,即使是运动在各种砂层、砾砂石层甚至砂卵石层中的地下

水,若其 R_e 的值在 10 以内,也可按达西公式计算。例如,某地下水若以 $v' = 100$ m/d 的渗流速度在粒径为 20 mm 的卵石层中运动,卵石间孔隙的当量直径设为 3 mm,当地下水的温度为 15 ℃ 时,水的运动黏滞系数 $\eta = 0.1$ m²/d,则

$$R_e = \frac{v' \cdot d}{\eta} = \frac{100 \times 0.003}{0.1} = 3$$

因此,达西公式对于大部分的地下水都是适用的。如果达西定律适用的是线性渗透问题,那么对于非线性渗透(即地下水在岩石的大孔隙、大裂隙、大溶洞及取水构筑物附近流动时),不仅 R_e 值大于 10,而且常呈紊流状态,此时,地下水的流速与水头梯度的平方根成正比,其表达式可写成

$$v = k \cdot \sqrt{i} \tag{5.25}$$

此式为哲才公式。当地下水的运动形式介于层流与紊流之间时,则称为混合流运动,此时,可用斯姆莱公式计算,其表达式为

$$v = k \cdot i^{\frac{1}{m}} \tag{5.26}$$

式中,m 值的变化范围为 1~2,当 $m = 1$ 时,即为达西定律;$m = 2$ 时,即为哲才公式。在生产实践中,事先确定地下水流的流态往往是困难的,因此哲才公式及斯姆莱公式在实际中应用的相对较少。

5.1.6 动水力及流沙现象

动水力亦称渗透力,它是地下水在渗透过程中,对单位体积土颗粒的作用力,记为 G_D,其方向与水流方向一致。静止状态的土颗粒受到流动的水的作用力后,土粒将有随水一起流动而失稳的可能,因此动水力的大小对土体渗流时土粒的稳定性有重要影响。

1. 动水力 G_D 的计算公式

在图 5.9 中,沿水流方向取 AB 隔离体(图 5.10),设隔离体的横截面面积为 F,长度为 L,其他符号见图 5.10。则在隔离体 AB 的两个端面上,分别受有水压力 $\gamma_w F h_A$ 和 $\gamma_w F h_B$,土柱体内水的重力 $\gamma_w n L F$,土柱体内土颗粒作用于水的力 $\gamma_w(1-n)LF$(土颗粒作用于水的力,也是水对土颗粒作用的浮力的反作用力),其方向与水流方向一致。单位体积土中土骨架对水的阻力 T,其方向与水流方向相反,其反作用力即为动水力 G_D,此外,还有惯性力作用,但由于水的流速非常慢,惯性力极小,以至可以忽略不计。土柱体在这 5 个力的作用下处于静力平衡,由平衡条件得

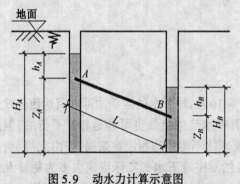

图 5.9 动水力计算示意图   图 5.10 动水力计算隔离体

$$\begin{aligned}&\gamma_w \cdot h_A \cdot F - \gamma_w \cdot h_B \cdot F + \gamma_w \cdot n \cdot L \cdot F \cdot \cos\alpha + \\ &\gamma_w \cdot (1-n) \cdot L \cdot F \cdot \cos\alpha - T \cdot L \cdot F = 0\end{aligned} \quad (5.27)$$

由图 5.9 可知

$$\cos\alpha = (Z_A - Z_B)/L, h_A = H_A - Z_A, h_B = H_B - Z_B$$

所以

$$T = \gamma_w \cdot (H_A - H_B)/L = \gamma_w \cdot i \quad (5.28)$$

故在数值上,有

$$G_D = \gamma_w \cdot i \quad (5.29)$$

2. 流沙现象

地下水位以下的土颗粒受到水浮力,有效自重为 γ',设地下水自上而下流动,此时,动水力 G_D 向下,与土体自重同向,作用的结果使土粒彼此挤紧;反过来,若地下水自下而上流动,动水力向上,与自重反向,作用的结果使土颗粒彼此分离。当 $G_D \geq \gamma'$ 时,土粒间的接触压力便会消失,土粒悬浮在水面,随水一起流动,工程上称为流沙现象。如果刚产生流沙时的水头梯度设为 i_{cr},称为临界水头梯度,则

$$G_D = \gamma_w \cdot i_{cr} = \gamma' \quad (5.30)$$

$$i_{cr} = \frac{\gamma'}{\gamma_w} \quad (5.31)$$

一般情况下,$\gamma' = 8 \sim 12 \text{ kN/m}^3$,$\gamma_w \approx 10 \text{ kN/m}^3$,即 $i_{cr} = 0.8 \sim 1.2 \approx 1.0$,也就是说,在粒径较小的砂土中,特别是粉、细砂及粉土,颗粒自身直径小、自重轻,颗粒间无黏聚力,呈分散状态,极易与水一起流动(被水冲走),应用时如果 i 值在 1.0 附近,施工时就极有可能产生流沙现象;粗粒土单个颗粒的直径较大,相应的自重也大,同时,各颗粒间的相互咬合、摩擦效应也要比粉、细砂及粉土强得多,与水一起流动就相对困难,相比之下,就不容易产生流沙现象;黏土由于具有黏聚力,将土颗粒胶结在一起,颗粒之间呈整体、团聚状态,也不容易产生流沙现象。产生流沙的根本原因是地下水渗流时的水头梯度过大,动水力大于土的有效重度。因此,防治流沙的根本办法就是设法减少水头梯度。如基坑开挖降水时,若采用表面直接降水,坑底土将会受到向上的动水力作用,当水头梯度值大于等于土的有效重度值时,就会产生流沙现象。由于坑底土随水涌入基坑,使坑底土的结构破坏,强度降低,轻则会造成建筑物的附加沉降,重则造成坑底土体失稳。在基坑周围,由于土颗粒流失,会直接导致地面凹陷,危及邻近建筑物和地下管线的安全,严重时会导致工程事故,特别是水下深基坑或沉井降水挖土时,若发生流沙现象会危及施工安全,必须进行相关计算。

3. 管涌现象

水在碎石土特别是砂土中渗流时,土中的一些细小颗粒在动水力的作用下,可能会通过粗颗粒的孔隙被水流带走至渗流逸出处或另一部分土中,这种现象称为管涌,如图 5.11 所示。

管涌常出现在级配不合理、大小颗粒相差悬殊的土层中。如路基发生管涌时,可在路基下游边坡处的水下部设置混凝土防渗墙,如图 5.12 所示。防渗墙两侧设置反滤层,既可通畅水流,又起到保护土体、防止细粒土流失而产生渗透变形的作用。反滤层可由粒径不等的无黏性土组成,也可由土工布代替。

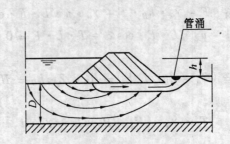

图 5.11　路堤下渗流后出现的管涌

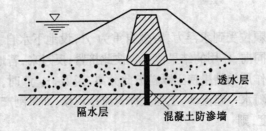

图 5.12　为防止管涌破坏而设置的混凝土防渗墙

5.2　流网及其应用

为防止渗透破坏,应使渗流溢出处的水头梯度小于或等于允许的水头梯度,因此确定溢出处水头梯度就成了问题的关键。实际工程中,遇到的经常是二维或三维的渗流问题,在这类渗流问题中,渗流场中各点的渗透速度 v 与水头梯度 i 均是该点位置坐标的二维或三维函数。因此,必须首先建立描述渗流的数学方程(微分方程),然后结合渗流的边界条件或初始条件进行求解,以确定渗流溢出处的水头梯度。对于工程中常见的水坝、河滩路堤、长的渗水挡墙、基坑等,均可看成是二维平面的渗流问题。

5.2.1　二维平面渗流问题的基本微分方程

如图 5.13 所示,在 $x-z$ 坐标系中有一微单元体,设 x,z 方向流入微单元体的渗流速度分别为 v_x,v_z,相应的流出速度为 $v_x+\dfrac{\partial v_x}{\partial x},v_z+\dfrac{\partial v_z}{\partial z}$,稳定渗流时,在 $\mathrm{d}t$ 时间内,流入微单元体的水量为

$$\mathrm{d}Q_1 = (v_x \mathrm{d}z\mathrm{d}y + v_z \mathrm{d}x\mathrm{d}y)\mathrm{d}t \tag{5.32}$$

流出微单元体的水量为

$$\mathrm{d}Q_2 = \left[\left(v_x + \dfrac{\partial v_x}{\partial x}\mathrm{d}x\right)\mathrm{d}z\mathrm{d}y + \left(v_z + \dfrac{\partial v_z}{\partial z}\mathrm{d}z\right)\mathrm{d}x\mathrm{d}y\right]\mathrm{d}t \tag{5.33}$$

水是不可压缩的,土骨架自身不变形,所以,同一时间段内,单元体内流入与流出的水量应相等,即 $\mathrm{d}Q_1 = \mathrm{d}Q_2$,代入后整理得

$$\dfrac{\partial v_x}{\partial x} + \dfrac{\partial v_z}{\partial z} = 0 \tag{5.34}$$

对于各向异性的土体,达西定律可写成

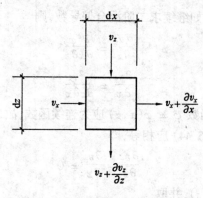

图 5.13 平面渗流问题的微单元体

$$v_x = k_x \cdot i_x = k_x \frac{\partial h}{\partial x} \tag{5.35}$$

$$v_z = k_z \cdot i_z = k_z \frac{\partial h}{\partial z} \tag{5.36}$$

且 $k_x \neq k_z$，代入后得

$$k_x \frac{\partial^2 h}{\partial x^2} + k_z \frac{\partial^2 h}{\partial z^2} = 0 \tag{5.37}$$

式中 k_x, k_z ——分别为土体 x, z 方向的渗透系数；
i_x, i_z ——分别为 x, z 方向的水头梯度；
h ——水头。

式(5.37) 即为平面渗流问题的基本微分方程。为求解方便，可令 $\bar{x} = x \cdot \sqrt{\frac{k_x}{k_z}}$，代入得

$$\frac{\partial^2 h}{\partial \bar{x}^2} + \frac{\partial^2 h}{\partial z^2} = 0 \tag{5.38}$$

对于各向同性材料，$k_x = k_z$，平面渗流方程变成如下形式

$$\frac{\partial^2 h}{\partial x^2} + \frac{\partial^2 h}{\partial z^2} = 0 \tag{5.39}$$

式(5.39) 是拉普拉斯(Laplace)描述地下水稳定运动的基本方程。当边界条件为已知时，利用边界条件求解上述微分方程，便可得到渗流问题的解答。

在上式中，如果令 $\varphi = \varphi(x,z)$，并令 $\varphi(x,z)$ 满足

$$v_x = \frac{\partial \varphi}{\partial x} \tag{5.40}$$

$$v_z = \frac{\partial \varphi}{\partial z} \tag{5.41}$$

代入式(5.34) 后得

$$\frac{\partial^2 \varphi}{\partial x^2} + \frac{\partial^2 \varphi}{\partial z^2} = 0 \tag{5.42}$$

适合此要求的 $\varphi = \varphi(x,z)$ 表示的是渗流区域内某点的势能，称为拉普拉斯势流(能)方程。实用中，水压力(能量)的大小可以用水柱高度，即水头来表示，对于各向同性材料，$k_x = k_z = k$，平面势流方程可取 $\varphi = k \cdot h$ 的形式，式中 h 为某点的水头。

在式(5.40)和(5.41)中如继续求二阶混合偏导数,则

$$\frac{\partial v_x}{\partial z} = \frac{\partial^2 \varphi}{\partial x \partial z} \tag{5.43}$$

$$\frac{\partial v_z}{\partial x} = \frac{\partial^2 \varphi}{\partial z \partial x} \tag{5.44}$$

在整个渗流区域内,势函数 $\varphi = \varphi(x,z)$ 应为连续函数,故二阶混合导函数的值与求导顺序无关,所以式(5.43)和式(5.44)应相等,即

$$\frac{\partial v_x}{\partial z} - \frac{\partial v_z}{\partial x} = 0 \tag{5.45}$$

同样,如果令 $\psi = \psi(x,z)$,并取

$$v_x = \frac{\partial \psi}{\partial z} \tag{5.46}$$

$$v_z = -\frac{\partial \psi}{\partial x} \tag{5.47}$$

则满足此条件的 $\psi = \psi(x,z)$ 称为流函数,继续对 v_x, v_z 求导得

$$\frac{\partial v_x}{\partial z} = \frac{\partial^2 \psi}{\partial z^2} \tag{5.48}$$

$$\frac{\partial v_z}{\partial x} = -\frac{\partial^2 \psi}{\partial x^2} \tag{5.49}$$

代入式(5.45)后得

$$\frac{\partial^2 \psi}{\partial z^2} + \frac{\partial^2 \psi}{\partial x^2} = 0 \tag{5.50}$$

该式即为用流函数表示的拉普拉斯渗流方程。在一定的边界条件下积分上述各式,就能解得由流线和等势线所组成的流网。这是由于 φ 或水头 h 的等值线求得以后,根据流函数 ψ 与势函数 φ 间的关系就可以求出 ψ 等于常数的等值线。即 $\varphi = \varphi(x,z)$ 和 $\psi = \psi(x,z)$ 并不是两个孤立的函数,而是彼此相关的,当一组曲线求得后,另一组曲线的形式也就固定了。由式(5.40)、(5.46)及式(5.41)、(5.49)可以得到两函数的关系为

$$v_x = \frac{\partial \varphi}{\partial x} = \frac{\partial \psi}{\partial z} \tag{5.51}$$

$$v_z = \frac{\partial \varphi}{\partial z} = -\frac{\partial \psi}{\partial x} \tag{5.52}$$

因此,势函数与流函数是互为共轭的调和函数,已知一个就可推求另一个。

从上面的叙述中可以看出,拉普拉斯方程所描述的渗流问题,应建立在如下假定基础上:
(1) 在整个渗流区域内,渗流是稳定的;
(2) 符合达西定律;
(3) 介质是不可压缩的;
(4) 均匀介质或是分块均匀的流场。

5.2.2 渗流问题的平面流网

应用时,只有在某些简单的边界条件下,利用上述平面渗流方程,才可以求得解析解。但实际的渗流工程,边界条件极为复杂,大部分情况下,解析解很难求得,只能用数值法寻求近似解、图解等。其中最常用的当数图解法,即流网解法。流网是研究平面渗流问题最实用的图解方法,它由两簇相互正交的曲线构成。一簇称为流线,代表水流质点的流动路径;另一簇称为等势线,即水头(水压力)相等点的连线,代表各点的水头高度,同一条等势线上,各点的测压水位或总水头都相等。由于水总是遵循由高处向低处流动的规律,即总是遵循从高势能处向低势能处流动,所以等势线必然与流线(流动方向)垂直,即流线必与等势线正交。这种等势线簇和流线簇相互交织组成的网格称为流网,如图 5.14 所示。流网中的等势线与流线的正交性也可以由下述的数学方法证明。

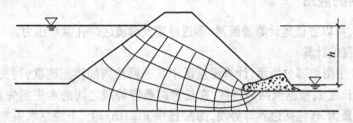

图 5.14 土坝渗流流网

对于势函数 $\varphi = \varphi(x,z)$,取一阶全微分得

$$d\varphi = \frac{\partial \varphi}{\partial x} \cdot dx + \frac{\partial \varphi}{\partial z} \cdot dz = v_x \cdot dx + v_z \cdot dz \tag{5.53}$$

在势线与流线的某一交点处,φ 应为定值(常数),所以 $d\varphi = 0$,即

$$v_x \cdot dx + v_z \cdot dz = 0 \tag{5.54}$$

据此有

$$\frac{dz}{dx} = -\frac{v_x}{v_z} \tag{5.55}$$

同样,对于流函数 $\psi = \psi(x,z)$,也取一阶全微分得

$$d\psi = \frac{\partial \psi}{\partial x} \cdot dx + \frac{\partial \psi}{\partial z} \cdot dz = -v_z \cdot dx + v_x \cdot dz \tag{5.56}$$

同样,在势线与流线的某一交点处,ψ 也应为定值(常数),所以 $d\psi = 0$,即

$$-v_z \cdot dx + v_x \cdot dz = 0 \tag{5.57}$$

据此有

$$\frac{dz}{dx} = \frac{v_z}{v_x} \tag{5.58}$$

比较式(5.55)和式(5.58)知,势函数 $\varphi = \varphi(x,z)$ 和流函数 $\psi = \psi(x,z)$ 两组曲线的斜率积等于 -1,即互成负倒数,说明等势线与流线正交。

各向同性土的流网具有如下的特性:

(1) 流网是相互正交的网格

由于流网与等势线具有正交的性质,故流网为正交的网格。

(2) 流网为曲边正方形

在流网网格中,网格的长度与宽度之比通常取为定值,一般可取 1,使方格网成为曲边正方形。

(3) 任意两相邻等势线间的水头损失相等

渗流区内,水头依等势线等量变化,相邻等势线的水头差相同。

(4) 任意两相邻流线间的单位渗流量相等

相邻流线间的渗流区域称为流槽,每一流槽的单位流量与总水头 h、渗透系数 k 及等势线间隔数有关,与流槽位置无关。

由流网的性质可知,凡流线越密的部位流速越大,等势线越密的部位水头梯度越大,由流网图可以计算出渗流场内各点的压力、水头梯度、流速以及渗流量等数值。

5.2.3 流网的应用

利用流网,可以方便地计算渗流量、渗透速度及渗流区的孔隙水压力。

1. 渗流速度的计算

如图 5.15 中阴影部分所示,计算渗流区中某一网格内的渗流速度,可先从流网图中量出该网格的流线长度 l,根据流网的特性,在任意两条等势线之间的水头损失是相等的,若流网中等势线的数量为 n(包括边界等势线,图 5.15 中 $n = 16$),上、下游总水头差为 h,则任意两等势线间的水头差为

$$\Delta h = \frac{h}{n-1} \tag{5.59}$$

所求网格内的渗透速度为

$$v = ki = k\frac{\Delta h}{l} = k\frac{h}{(n-1)l} \tag{5.60}$$

2. 渗流量的计算

任意两相邻流线间的单位渗流量相等,设整个流网的流线数为 m(包括边界流线,图 5.15 中 $m = 6$),则单位宽度内总渗流量 $q(\mathrm{m}^3 \cdot \mathrm{d}^{-1} \cdot \mathrm{m}^{-1})$ 为

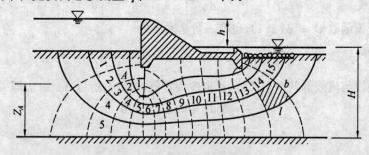

图 5.15 闸坝地基渗流流网

$$q = (m-1)\Delta q \tag{5.61}$$

式中 Δq ——任意两相邻流线间单位渗流量,其值等于网格内过水断面面积与其相应渗透速度的乘积。

在二维渗流问题中,过水断面面积在数值上等于过水断面宽度,即相邻两流线间的距离,设网格的渗透速度为 v,则

$$\Delta q = vb = \frac{khb}{(n-1)l} \quad (5.62)$$

式中 b——相邻两流线间的距离,亦称流槽宽度,m。

代入式(5.61)后得单位宽度内的总流量 q 为

$$q = \frac{m-1}{n-1} \cdot \frac{khb}{l} \quad (5.63)$$

3. 孔隙水压力计算

在同一参考面(一般取不透水层层面)的前提下,某点的孔隙水压力等于该点的测压管水柱高度 h 与水重度 γ_w 的乘积,测压管水头(柱)高度 H_i 可根据该点所在等势线的水头确定。如图 5.15 所示,设 A 点处于上游开始起算的第 i(此处 $i=3$)条等势线上,从上游入渗的水流达到 A 点所损失的水头为 h_f,则 A 点的总水头 h_A 应为入渗边界上总水头高度减去这段流程的水头损失高度,即

$$h_A = H + h - h_f \quad (5.64)$$

而 h_f 可由等势线的水头差 Δh 求得,即

$$h_f = (i-1)\Delta h \quad (5.65)$$

A 点测压管水柱高度 H_A 为 A 点总水头与其位置坐标 Z_A 之差,即

$$H_A = h_A - Z_A = H + h - (i-1)\Delta h - Z_A \quad (5.66)$$

5.2.4 流网的绘制

在流函数与势函数已知的前提下,流网可以采用解析法绘制,即给定一系列的自变量,利用相应的函数关系求出相应的因变量,描点作图求得。其次是电模拟法,即利用水流和电流在数学和物理上的相似性,通过测绘相似几何边界电场中的等电位线,从而获得渗流的等势线和流线,再根据流网的性质补充绘出流网。第三种方法为近似的作图法,根据流网性质和确定的边界条件,用作图的方法逐步近似画出流线和等势线,在上述诸方法中,解析法虽严密,但对一般边界条件复杂的渗流场,数学上很难求解,只有在边界条件简单时,求解才有可能。电模拟法操作烦琐、复杂,不易在工程应用中推广,目前只有作图法在工程界应用得最广,而且经常只求出等势线或流线的任一组曲线,根据流网的性质描绘另一组曲线。

图解法绘制流网的最大特点是简便、迅速,也能应用于建筑物边界轮廓较复杂的情况。对于各向同性土体,绘制前,首先按比例绘出建筑物及土层剖面,然后依据上述流网的两个特性采用试绘法逐步修正。而试绘流线和等势线的形状应结合渗流场的边界条件,例如建筑物的地下轮廓线以及下面地基的不透水层是已知的两根边界流线,中间的流线形状应按照边界流线的形状逐渐过渡。同样下游河床或排水面、上游河床均为边界等势线,其间的其他各条等势线也是逐步过渡的。绘制正方形网格的流网最为方便,因而最常用,下面以图 5.16 为例来说明试绘的具体步骤。首先大致画出紧靠建筑物地下轮廓线的第一根流线 1—1′,并把它和建筑物轮廓线间所形成的流带分成若干个正交的曲线正方形网格,如图 5.16 所示,分为 9 个。度量每个方格对边中线长度是否相等,或者更精确一些可在网格内画内接圆来检验是否是正方形,也就是检验流线与等势线的正交性和各个网格长宽比的不变性。试绘出第一根流线后,将绘好的各曲线方格的等势线或等水头线向下延长,并绘出第二排曲线正方形,如果得出的第二根流线 2—2′ 不连续,就需要对第一根流线进行修正(如图 5.16 中虚线所示),直到第二根流线达到连

续为止。这样顺序地进行下去,直到下面的不透水层层面。需要说明,最后一排网格可能不正好是正方形的曲线网格,而是曲线长方形,这时只要检验这一排每个网格的长宽比是否相等,而不要求与以上各排有同样的长宽比值。

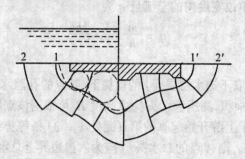

图 5.16 流网绘制法

5.2.5 不同土层的流网过渡

在不同土层的分界线上,由于渗透系数的改变,流线会折射,按照折射定律偏转一个角度,而不能在边界的两边绘成一个"正方形"的流网。如图 5.17 所示,两相邻流线经土层分界线上的 A,B 两点穿过。稳定流态时同一流槽在两相邻土层内应有相同的流量,或者边界 A,B 两侧的流速垂直分量 v_n 应相等,即 $v_{1n} = v_{2n}$,于是得到

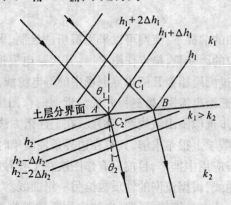

图 5.17 土层分界面上流线的折射

$$k_1 \frac{(\Delta h_1)_{AB}}{C_1 B}\cos\theta_1 = k_2 \frac{(\Delta h_2)_{AB}}{AC_2}\cos\theta_2 \tag{5.67}$$

式中 θ_1,θ_2——流线折射前、后与分界面法线间的夹角;

Δh——等水头线间的差值,A,B 两点间应为同一个差值,即 $(\Delta h_1)_{AB} = (\Delta h_2)_{AB}$;

$C_1 B, AC_2$——相应流槽内的流线长度,从几何关系有 $C_1 B = AB\sin\theta_1$,$AC_2 = AB\sin\theta_2$,代入式(5.67)可得分界面上的折射关系式为

$$\frac{\tan\theta_1}{\tan\theta_2} = \frac{k_1}{k_2} \tag{5.68}$$

图 5.17 为 $k_1 > k_2$ 的土层情况,上层土的流网为正方形网格,进入下层土则成为长方形的网格,并且长边与短边之比应等于较大渗透系数 k_1 与较小渗透系数 k_2 之比。图 5.18 为连续通

过三层不同土层的流网,中间一层为弱透水层,下层为强透水层,从图中流线的疏密分布也可以直接看出透水性相对强弱的关系。

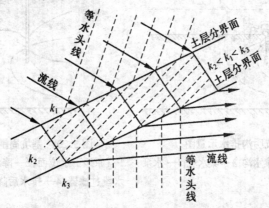

图5.18 三层土的流网过渡

5.3 基坑排水的计算

在土木工程中,经常会遇到基坑排水问题,如修建桥墩、闸坝基础、含水土层以下的地下工程以及位于含水层下的基础工程等。由于基坑开挖导致地下水涌向基坑,需要设置排水设备排出流向基坑的地下水,以达到疏干基坑的目的。较为简便的一种方法是明沟排水,即在基坑底面边坡坡角附近挖排水沟和集水坑(图5.19),坑内设置水泵抽水。这种方法能排出基坑内的积水,但不易疏干基坑,同时需要随着基坑开挖深度的加深而不断修建。对有些土层(如砂土、粉土等)还需防止滑坡或流沙等现象的发生,必要时尚需采取一定的护壁工程措施。另一种方法是井点降水方案,即在基坑周围按一定的间距布置抽水井点,通过不断地抽取地下水向远处排放,以达到降低地下水位、疏干基坑的目的,如图5.20所示。由于地下水位被降低到开挖深度以下,不仅施工条件得到改善,而且由于降水促使土体固结及抗剪强度的提高,因而可以采用较陡的开挖边坡以节省开挖时的土方量。采用井点降水时,为了保证降水井内能用水泵连续抽水,土层的渗透系数一般不宜小于 $1\sim2$ m/d,否则还要配合采用其他专门措施(如真空法、电渗法等)来强化渗水过程。不管采用何种方法,都需要对基坑进行渗流计算,都需要确定基坑涌水量,用以确定、选用排水设备以及估算地下水位降低的效果。在基坑边坡或底面有地下水渗出时,还应校核渗出部位的渗透稳定性。井点降水系统是按水井理论进行计算的,根据降水井井底所处位置的不同有完整井和非完整井之分,井底达到不透水层的称为完整(全)井,井底位于透水层(即井底未达到不透水层)的称为非完整井,地下水有压力的是承压井,地下水无压力的是无压井,其中以无压完整井的理论较为完善,下面介绍较为简便的引用阻力系数概念进行计算的一种方法,并讨论如何确定补给边界的问题。

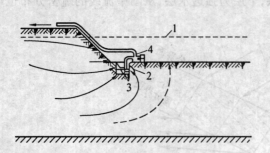

图 5.19 基坑明沟排水示意图
1—原地下水位面;2—集水沟;3—集水坑;4—水泵

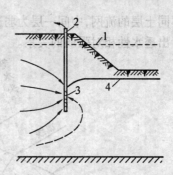

图 5.20 基坑周围井点降水示意图
1—原地下水位面;2—降水井管;3—降水井管进水段过滤器;4—排水后降低的地下水位面

5.3.1 影响半径与等效半径的确定

1. 补给水源离基坑较远时

当排水设备开始工作后,在排水设备周围一定距离内形成漏斗状降落面,并随时间不断扩大,而超出这一距离以外,原始地下水位不受降水井抽水影响,这一距离通常称为影响半径或补给半径,即降落面稳定时的影响半径,它对基坑的涌水量以及基坑降水后对周围环境的影响范围都有着重要的意义。当基坑排水的渗流为无压渗流时,影响半径可用式(5.69)~(5.74)计算,即

$$R = \sqrt{r_k^2 + \frac{2kt}{\mu}(2H - S_k)} \tag{5.69}$$

式中 H——初始地下水的水深,m;

S_k——为基坑内的水位降深,m;

μ——土层的给水度,无因次数,表示单位土体中可以释放的水的体积,m^3;

t——从抽水开始经过的时间,s;

k——渗透系数,m/s;

r_k——等效半径,m。

由式(5.69)确定的 R 随时间 t 的增大而不断增大,但实际上当降落漏斗面扩展到某一补给水源时,由于补给作用的加强,扩大便停止。实际工程中还经常采用库萨金(И.П.Кусакин)公式,即

$$R = 575 S_k \sqrt{kH} (当 k 取 m/d 时, R 取 1.95\sqrt{k \cdot H}) \tag{5.70}$$

该式系分析实际抽水资料而求得的经验公式,它适用于地层渗透系数较大($k > 1.16 \times 10^{-3}$ m/s)、降深也较大且群井抽水的情况,用于潜水、抽水已稳定时,小口径井计算结果偏大。对于承压水,如果仍用该公式,则其中 H 应为含水层底到承压水位面的距离。此时,还可以采用如下的集哈尔特公式计算,即

$$R = 3000 S_k \sqrt{k} (当 k 取 m/d 时, R 取 10 S_k \sqrt{k}) \tag{5.71}$$

当地表有入渗补给时,影响半径可用下式计算

$$R = H\sqrt{\frac{k}{2\varepsilon}} \tag{5.72}$$

式中 ε——地下水的入渗强度,即单位面积入渗的水量。

当基坑排水渗流为有压时,经过一定时间抽水排放后终将可能产生通过上、下弱透水层向该承压含水层的越流补给,考虑越流层补给量后的影响半径 R 可由下式确定,即

$$R = r_k + \sqrt{\frac{kT}{\frac{k_1}{T_1} + \frac{k_2}{T_2}}} \tag{5.73}$$

式中 k_1, k_2——上、下含水层的渗透系数,m/s;
T_1, T_2——上、下含水土层的厚度或水深,m。

如果基坑排水只有下面的弱透水层而底面处于无压渗流时,则

$$R = r_k \cdot \sqrt{\frac{kHT_1}{k_1}} \tag{5.74}$$

计算时,公式中的渗透系数 k 的单位必须为"m/s";当采用多井抽水时,为简单起见,常将围绕基坑的井群作为一个大口井来考虑,以便引用已有的公式计算此等效大井,特别是当基坑平面为几个矩形或其他复杂形状所组成时,此方法更具有其适用性,这样处理就包含了一种等效半径的概念,它等于这样一个大井的半径,该大井的出水量等于群井的出水量,大井水面的降深等于群井中任意一个井或指定井的降深,亦可理解为不规则基坑平面的假想半径。根据等效大井与群井出水量和降深相等的条件,推导后得其等效半径 r_k 值如下:

(1) 当基坑周围为环状井点系统所包围或矩形基坑,其长宽比不大于 5 时,其值为

$$r_k = \sqrt{\frac{A}{\pi}} \tag{5.75}$$

式中 A——环状井点系统所包围的面积,m^2。

(2) 若井点系统包围的区域长为 L 的条环状,则 r_k 可按下式确定

$$r_k = \frac{L}{2\pi} \tag{5.76}$$

(3) 直线排列的一排井,其中心井的等效半径为

$$r_k = a \cdot \left(\frac{r_0}{a}\right)^{\frac{1}{n}} \cdot (m!)^{\frac{2}{n}} \tag{5.77}$$

(4) 对于两端最边井降深的另一个大井的等效半径为

$$r_k = a \cdot \left(\frac{r_0}{a}\right)^{\frac{1}{n}} \cdot (2 \cdot m!)^{\frac{2}{n}} \tag{5.78}$$

式中 n——井的数目,假设 n 为奇数,即 $n = m + 1$;
a——井距,m;
r_0——井半径,m。

比较式(5.77)和(5.78)可知中心井的等效半径小于最边井的,这种原因是由于各井抽水量相同时中心井水面降深最大,两端边井降深最小所致,而且井数越多,相差也越大。

(5) 若基坑周围为数量较少的深井时

$$r_k = (r_1 \cdot r_2 \cdot \cdots \cdot r_n)^{\frac{1}{n}} \tag{5.79}$$

式中 $r_1, r_2, \cdots, r_n$——各井点至基坑中某一个定点(考查点)的距离,且在该定点上需要控制一定的水位降深。

由于土体成因、组构等的复杂性,任何公式都有一定的局限性,较准确地确定影响半径的方法应为现场进行抽水试验或现场实地调查确定。

2. 基坑附近有补给水源时

当基坑附近有河流或水塘等补给水源时,随着补给边界形状的不同,影响半径的计算值也不同,图 5.21 中示出了几种边界条件下 R 值的计算公式,其他可查阅有关水文地质计算手册确定。

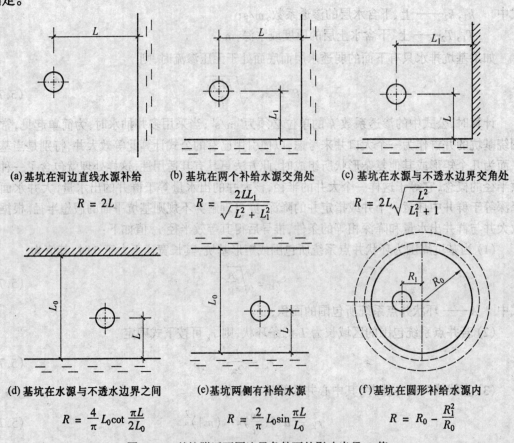

图 5.21 基坑附近不同边界条件下的影响半径 R 值

在实际工程中,补给水源常常是如图 5.22 所示那样并不完全贯入整个含水层,这时在水源附近形成局部急变渗流区。为考虑急变渗流区流线弯曲而产生的附加阻力,可以用增加长为 ΔL 的缓变流来代替,即可认为补给水源为完全贯入整个含水层的情况,从而使计算图形更为简化。根据谢斯塔可夫的建议,ΔL 值为

$$\Delta L = 0.44T + 0.08 \frac{T^2}{b} + \frac{h_p}{2 + \frac{1}{m}} \tag{5.80}$$

当 $\frac{b}{T} > 1.0$ 时,有

$$\Delta L = 0.5(h_p + T) \tag{5.81}$$

式中的 b, m, T, T_1, h_p 及 ΔL 等见图 5.22。

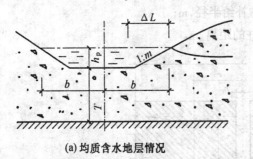
(a) 均质含水地层情况

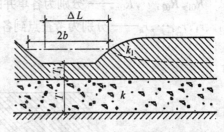
(b) 双层含水地层情况（其上层透水性相对较弱）

图 5.22 未完全贯入含水层的水源

5.3.2 井点降水系统的渗流计算

1. 承压地层中完整井点的计算

在均质、等厚、各向同性、隔水底板水平、侧向无限延伸的承压含水层中部有一半径为 r_0 的完整井，由于井穿过上面的不透水层，承压水会从井中上升，达到高度 H。经过一定的抽水时间后，从井内抽出来的水量和井内的水头降落均能达到稳定状态，这时在井壁周围含水层内就会形成抽水影响范围，这种影响范围可以由承压水的水头变化显现出来，承压水头线的变化具有降落漏斗的形状，如图 5.23 所示。在承压水层内，地下水水平流向抽水井，且平行于顶、底板，垂直于流线的过水断面面积是圆柱体的侧表面，即过水断面面积 $F = 2 \cdot \pi \cdot r \cdot T$，水头梯度 $i = \dfrac{\mathrm{d}h}{\mathrm{d}r}$，根据达西定律，地下水任一断面的流量为

$$Q = k \cdot F \cdot i = k \cdot 2 \cdot \pi \cdot r \cdot T \cdot \frac{\mathrm{d}h}{\mathrm{d}r} \tag{5.82}$$

将式 (5.82) 分离变量并积分，将 h 从 h_0 到 H，r 从 r_0 到 R_0 定积分，得

$$Q \int_{r_0}^{R_0} \frac{\mathrm{d}r}{r} = k \cdot 2 \cdot \pi \cdot T \int_{h_0}^{H} \mathrm{d}h \tag{5.83}$$

$$Q(\ln R_0 - \ln r_0) = k \cdot 2 \cdot \pi \cdot T \cdot (H - h_0) \tag{5.84}$$

由图 5.23 知，$(H - h_0)$ 为井壁处的降深 S_0，故

$$Q = \frac{2 \cdot \pi \cdot k \cdot T \cdot S_0}{\ln \dfrac{R_0}{r_0}} \tag{5.85}$$

井壁外影响半径范围内任意点的降深 S，可由下式求得

$$S = \frac{Q}{2 \cdot \pi \cdot k \cdot T} \ln \frac{R_0}{r} \tag{5.86}$$

式中各符号见图 5.23，该式为单井有压渗流时的流量或降深计算式，反映的是流量 Q 经过含水层输送到井（滤）管外壁的水头损失，它与流量 Q 成正比。图 5.24 所示为位于同一圆周上间距等于 a 的 n 个环状井点系统的计算图形，周围有同心圆的补给水源，其中 R_0 为补给水源的半径，r_k 为该井点系统的等效半径。n 个井（群井）共同抽水时，其势流函数均满足叠加原理，某考查点的降深或水头应为各井单独抽水时在同一点引起降深或水头的叠加，即

$$H - h = \frac{1}{2 \cdot \pi \cdot k \cdot T} \left(Q_1 \ln \frac{R_{01}}{r_1} + Q_2 \ln \frac{R_{02}}{r_2} + Q_3 \ln \frac{R_{03}}{r_3} + \cdots + Q_n \ln \frac{R_{0n}}{r_n} \right) \tag{5.87}$$

式中　　$Q_1, Q_2, \cdots, Q_n$——分别为各单井流量，m^3；
　　　　$R_{01}, R_{02}, \cdots, R_{0n}$——分别为各单井的补给半径，m；
　　　　$r_1, r_2, \cdots, r_n$——分别为考查点到各井的距离，m。

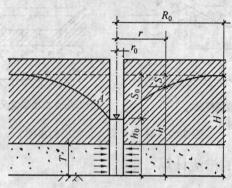

图 5.23　单井有压完整井的渗流

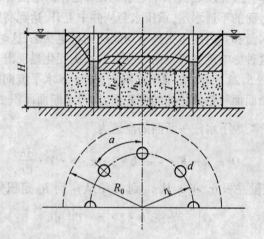

图 5.24　环状井点系统排水

当考查点为圆周中心时，各井的流量 Q、补给半径 R 及等效半径 r 等均相等，则上式就变成了等效大井井壁处的水位降深，即

$$S_k = \frac{Q}{2 \cdot \pi \cdot k \cdot T} n \ln \frac{R}{r_k} \tag{5.88}$$

从等效大井井壁到井群中心点的降深可以这样考虑，圆周上的单口井向井群中心渗流时，可看成是过水面为一变断面的楔（扇）形沟槽，该假想沟槽流量按井考虑时径向入井渗流的当量影响半径设为 R'，根据 a 宽范围内过水流量与单口井的径向入（出）井流量相等，同一过水断面处水头梯度相等可写出

$$q = k \cdot i \cdot T \cdot a = 2 \cdot \pi \cdot R' \cdot T \cdot k \cdot i \tag{5.89}$$

据此得

$$R' = \frac{a}{2 \cdot \pi} \tag{5.90}$$

利用式(5.84)可得井群中心点到等效大井井壁的降深表达式为

$$S = \frac{Q}{2 \cdot \pi \cdot k \cdot T} \ln \frac{R'}{r_0} = \frac{Q}{2 \cdot \pi \cdot k \cdot T} \ln \frac{a}{2 \cdot \pi \cdot r_0} \tag{5.91}$$

井群中心点的降深应为上述两个降深之和,即

$$S_c = \frac{Q}{2 \cdot \pi \cdot k \cdot T} n \ln \frac{R}{r_k} + \frac{Q}{2 \cdot \pi \cdot k \cdot T} \ln \frac{a}{2 \cdot \pi \cdot r_0} \tag{5.92}$$

所以每一井点的渗流量为

$$Q_c = \frac{2 \cdot \pi \cdot k \cdot T \cdot S_c}{n \cdot \ln \frac{R}{r_k} + \ln \frac{a}{\pi \cdot d}} \tag{5.93}$$

式中 d—— 井管直径,$d = 2r_0$。

如果环状井点附近没有水源补给,则用影响半径 R 代替水源补给半径 R_0。

图 5.25 所示为无限长列井点系统,该计算图形相应于仅在基坑一侧有补给水源、利用一排井点排水的情况,或者基坑两侧各有一排井点且补给边界呈对称的情况。实用中,当井列线长度大于 8 倍补给距离时,即可认为是长列井。对于长列井点系统,当 $L/a > 1$,r_0/a 远小于 1 时,可采用如下的公式计算

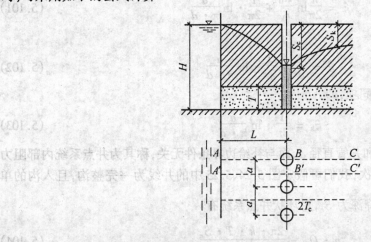

图 5.25

$$Q_c = \frac{k \cdot T \cdot S_c \cdot a}{L + \frac{1}{2\pi} \cdot a \cdot \ln \frac{a}{\pi \cdot d}} \tag{5.94}$$

此式也可这样求得,将各单井看成是一宽度为 a 的流槽,该流槽的流量为

$$Q = \frac{kTaS_k}{L} \tag{5.95}$$

如果按井考虑,则该井流量仍为式(5.88)中 $n = 1$ 时的流量,比较式(5.94)和式(5.95)知

$$\ln \frac{R_0}{r_k} = \frac{2\pi L}{a} \tag{5.96}$$

由此可得沟槽内或井壁外围的降深为

$$S_k = \frac{Q}{2 \cdot \pi \cdot k \cdot T} \ln \frac{R_0}{r_k} = \frac{Q}{2 \cdot \pi \cdot k \cdot T} \cdot \frac{2\pi L}{a} \tag{5.97}$$

井壁外围与井孔内中心点之间的降深仍采用式(5.91)表示,叠加后得井孔内中心点的降

深为

$$S_c = \frac{Q}{2\cdot\pi\cdot k\cdot T}\cdot\frac{2\pi L}{a} + \frac{Q}{2\cdot\pi\cdot k\cdot T}\ln\frac{a}{2\cdot\pi\cdot r_0} \quad (5.98)$$

将 $d = 2r_0$ 代入，整理后即为式(5.94)。

短列井为

$$Q_c = \frac{2\cdot\pi\cdot k\cdot T\cdot S_c}{\ln\dfrac{r'}{r_0}} \quad (5.99)$$

式中 r'——计算点到井的镜像的距离，即计算点到补给边界距离的2倍。

在上述各式中，如果采用由下式表示的阻力系数为

$$\xi = \frac{k\cdot T\cdot S}{Q_c} \quad (5.100)$$

令 $S = S_c$，将式(5.100)代入到式(5.93)和(5.94)中，得到由补给边界到井孔之间的阻力系数值分别为

$$\xi = \frac{n}{2\pi}\ln\frac{R_0}{r_k} + \frac{1}{2\pi}\cdot\ln\frac{a}{\pi\cdot d} \quad (5.101)$$

及

$$\xi = \frac{L}{a} + \frac{1}{2\pi}\cdot\ln\frac{a}{\pi\cdot d} \quad (5.102)$$

用 ξ_k 表示上两式中的相同项，即

$$\xi_k = \frac{1}{2\pi}\cdot\ln\frac{a}{\pi\cdot d} \quad (5.103)$$

该式仅包含井点间距 a 和井管直径 d，而与补给边界条件无关，称其为井点系统内部阻力系数或局部附加阻力系数。其次，我们可假定图5.24、5.25中的井线为一完整沟，且入沟的单位流量为 $q = \dfrac{Q_c}{a}$，沟中水位降深为 S_e，对环状井点系统有

$$n\cdot Q_c = \frac{2\pi\cdot k\cdot T\cdot S_e}{\ln\dfrac{R_0}{r_k}} \quad (5.104)$$

长列井点系统可写出

$$q = \frac{Q_c}{a} = \frac{k\cdot T\cdot S_e}{L} \quad (5.105)$$

将式(5.104)、(5.105)分别代入式(5.93)和(5.94)，并令 $S = S_e$，则可得到由补给水源到井线之间假想均匀流的阻力系数，或称井点系统外部阻力系数，记为 ξ_e，其值分别为

$$\xi_e = \frac{n}{2\pi}\ln\frac{R_0}{r_k} \quad (5.106)$$

及

$$\xi_e = \frac{L}{a} \quad (5.107)$$

将式(5.106)、(5.107)与式(5.101)、(5.102)和(5.103)比较，可知井点系统的渗流阻力为内部阻力 ξ_k 与外部阻力 ξ_e 两者之和。由于外部阻力不包括井线附近水流向各井点集流的局部

阻力影响,因此可知所假定的完整沟的降深应与井线以后的降深 S_k 相等,即 $S_e = S_k$。于是再由式(5.93)、(5.94)得到井中水位降深的计算式为

$$S_c = S_k + \frac{Q_c}{k \cdot T} \cdot \xi_k \tag{5.108}$$

式(5.108)即为基本计算式,式中 S_k 为基坑排水要求的降深控制值。实际进行排水计算时,先假定井线为完整沟,对环状井点和长列井点分别由式(5.104)及式(5.105)求出每一井点的渗流量 Q_c(计算时令式中 $S_e = S_k$)。再由式(5.108)求得井孔内的水位降深 S_c。

井线与补给水源之间(不包括井线附近 $0.5a$ 范围以内的急变渗流区)的降深为

$$S = S_k\left(1 - \frac{x}{R_0}\right) \tag{5.109}$$

或

$$S = S_k\left(1 - \frac{x}{L}\right) \tag{5.110}$$

式中 x——计算点的位置坐标(计算点至井线的距离)。

L 及 R_0 见图 5.24 和图 5.25。

2. 无压地层中井点系统的计算

考查图 5.26 所示无压渗流时的情况,由达西定律得其单位渗流量 q 的表达式为

$$q = kh\frac{dh}{dx} \tag{5.111}$$

同样将式(5.111)分离变量并定积分得

$$q\int_0^L dx = k\int_h^H h\,dh$$

得无压渗流时渗流量计算式的一般形式为

$$q = k \cdot \frac{H^2 - h^2}{2L} \tag{5.112}$$

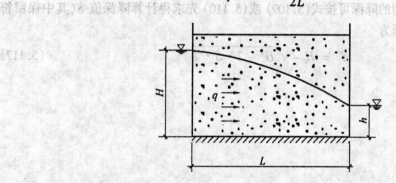

图 5.26 无压缓变渗流示意图

式中 H, h——分别为长 L 段上两端的水深。

将式(5.112)与长度为 L、降深为 S、有任意地层厚度 T 的承压均匀渗流流量计算式(5.105)相比较,若两者流量相同,则有

$$S = \frac{H^2 - h^2}{2T} \tag{5.113}$$

这里的 S 称为无压渗流的计算降深。对无压缓变渗流,只要由该关系式求出计算降深,代

入到任何承压均匀流动的计算式中,求得的渗流量应与无压渗流的渗流量相同,例如将式(5.113)代入到式(5.104)得

$$n \cdot Q_c = \frac{\pi \cdot k \cdot (H^2 - h_k^2)}{\ln \frac{R_0}{r_k}} \tag{5.114}$$

该式即为无压渗流时的裴布依(Dupuit,1863)流量计算式。

引用阻力系数的概念来计算渗流时,其实质即为将急变渗流化为有相同阻力的缓变渗流,如果仍用 h_c 及 h_k 表示均质无压地层中井孔内以及排水线后的水深,只要经过式(5.113)的代换,计算有压渗流的公式同样可以计算无压渗流的情况。于是将式(5.113)中的 h 分别以 h_c 及 h_k 代换来写出 S_c 及 S_k,再将 S_c 及 S_k 的表达式代入式(5.108),得

$$h_c^2 = h_k^2 - 2\frac{Q_c}{k}\xi_k \tag{5.115}$$

式中,ξ_k 由式(5.103)确定。若令 $h_k \approx \frac{1}{2}(h_c + h_k)$,在 h_c 与 h_k 之间的降深差 $S_{ck} = h_c - h_k$,由式(5.113)得 $T = \frac{h_c^2 - h_k^2}{2S_{ck}} = \frac{2h_c - S_{ck}}{2} = \frac{h_c + h_k}{2} \approx h_k$,代入式(5.108)后得

$$S_c = S_k + \frac{Q_c}{k \cdot h_k}\xi_k \tag{5.116}$$

式(5.116)中的 $S_c = H - h_c$,$S_k = H - h_k$,表示无压渗流时的实际水位降深。该式与式(5.108)有完全相同的形式,仅 T 与 h_k 进行了相互代换。由此可知,无压渗流时的基坑排水计算过程与有压时相同。若已知基坑控制水深 h_k 或降深 S_k,则可先假定井线处为完整沟而求得每个井点的渗流量 Q_c。Q_c 的确定可直接用相应的无压渗流公式,也可以应用式(5.113),令式中 $h = h_k$ 并保留符号 T,求出计算降深 S 后分别代入式(5.104)或式(5.105)求得。最后再由式(5.116)求出井孔内水位降深 S_c。

井线与补给水源之间的降深可按式(5.109)或(5.110)先求得计算降深值 S(其中保留符号 T),而该点的实际降深为

$$S' = H - \sqrt{H^2 - 2 \cdot S \cdot T} \tag{5.117}$$

附录 A

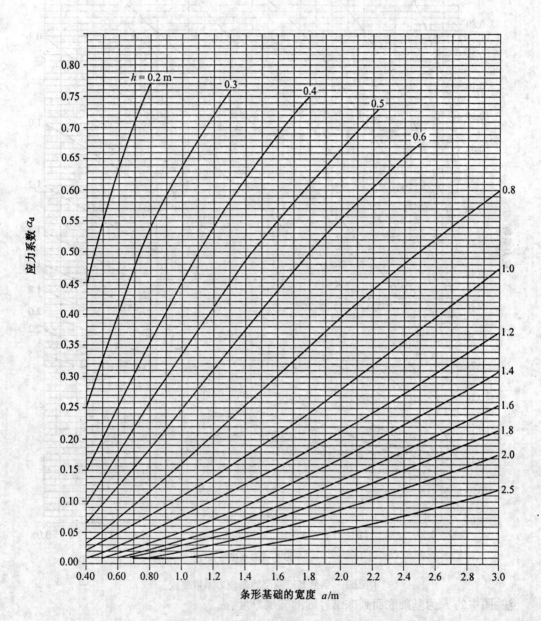

附图1　方形基础双层地基应力系数曲线

注：图中的 h 为基础底面到冻结界面的冻层厚度，m。

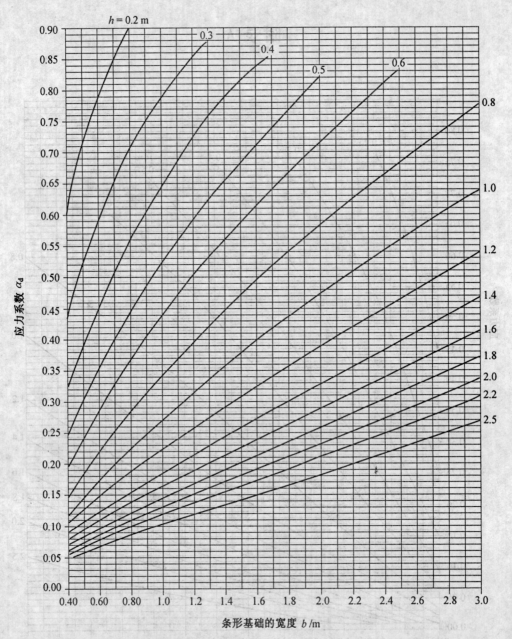

附图2　条形基础双层地基应力系数曲线

注：图中的 h 为基础底面到冻结界面的冻层厚度，m。

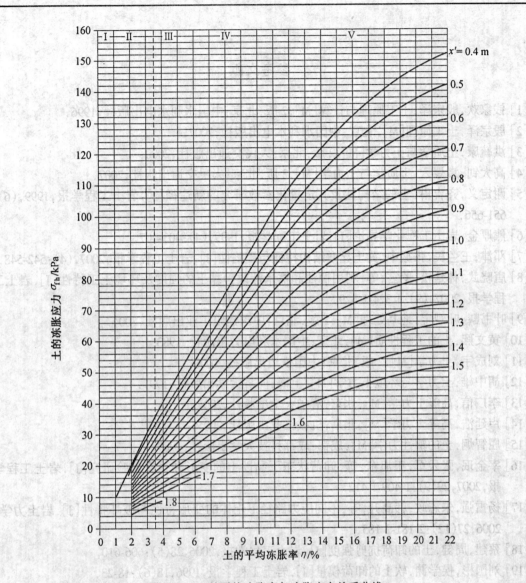

附图3 土的平均冻胀率与冻胀应力关系曲线

注：① 平均冻胀率 η 为地面最大冻胀量与设计冻深之比；

② z^t 为获此曲线场地从自然地面算起至任一计算断面处的冻结深度，m；

③ 该曲线适用于标准冻深 $z_0 = 1890$ mm，冻深 z^t 为 1 800 mm 的弱冻胀土，冻深 z^t 为 1 700 mm 的冻胀土，冻深 z^t 为 1 600 mm 的强冻胀土，冻深 z^t 为 1 500 mm 的特强冻胀土，在用到其他冻深的地方应将所要计算的某断面深度 z_c 乘以 z^t/z_d 后，按图查取。

参考文献

[1] 钱家欢,殷宗泽.土工原理与计算[M].2版.北京:中国水利水电出版社,1996.
[2] 殷宗泽.土工原理[M].北京:中国水利水电出版社,2007.
[3] 洪毓康.土质学与土力学[M].2版.北京:人民交通出版社,2000.
[4] 高大钊,袁聚云.土质学与土力学[M].3版.北京:人民交通出版社,2007.
[5] 谢定义,齐吉琳.土的结构性及其定量化参数研究的新途径[J].岩土工程学报,1999,(6):651-656.
[6] 熊厚金.岩土工程化学导论[J].岩土工程学报,1999,(4):403-407.
[7] 邓津,王兰民,张振中.黄土显微结构特征与震陷性[J].岩土工程学报,2007,(4):542-548.
[8] 唐晓武,林廷松,罗雪,等.利用桐油和糯米汁改善黏土的强度及环境土工特性[J].岩土工程学报,2007,(9):1 324-1 329.
[9] 叶书麟,叶观宝.地基处理[M].2版.北京:中国建筑工业出版社,2004.
[10] 黄文熙.土的工程性质[M].北京:中国水利电力出版社,1983.
[11] 刘成宇.土力学[M].2版.北京:中国铁道出版社,2000.
[12] 胡中雄.土力学与环境土力学[M].上海:同济大学出版社,1997.
[13] 李广信.高等土力学[M].北京:清华大学出版社,2004.
[14] 卢廷浩.高等土力学[M].北京:机械工业出版社,2005.
[15] 屈智炯.土的塑性力学[M].成都:成都科技大学出版社,1987.
[16] 宰金珉,张云军,王旭东,等.卸荷状态下黏性土的变形和强度试验研究[J].岩土工程学报,2007,29(9):1 409-1 412.
[17] 杨雪强,朱志政,韩高升,等.不同应力路径下土体的变形特性与破坏特性[J].岩土力学,2006,27(12):2 181-2 185.
[18] 蔡建,周健.土的卸荷抗剪强度[J].岩土工程学报,2006,28(5):606-610.
[19] 刘国彬,侯学渊.软土的卸荷模量[J].岩土工程学报,1996,18(6):18-23.
[20] 姚海林,马时冬,卢应发.正常固结土与超固结土的一些特性及其应力历史的确定[J].岩土力学,1994,15(3):38-44.
[21] 刘松玉,蔡国军,童立元,等.基于CPTU测试的先期固结压力确定方法试验研究[J].岩土工程学报,2007,29(4):490-494.
[22] GB/T 50123—1999 《土工试验方法标准》[S].北京:中国计划出版社.
[23] 王龙甫.弹性理论[M].北京:科学出版社,1978.
[24] 殷德顺,王保田,等.不同应力路径下的邓肯-张模型模量公式[J].岩土工程学报,2007,29(9):1 380-1 385.
[25] 赵树德,等.土力学[M].北京:高等教育出版社,2001.
[26] 徐学燕.高等土力学[M].哈尔滨:哈尔滨工业大学出版社,2000.
[27] SDS 01—1979 土工试验规程[S].北京:水利出版社,1979.
[28] 毛昶熙.渗流计算分析与控制[M].北京:中国水利电力出版社,1990.

[29] 刘兆昌,李广贺,朱琨.供水水文地质[M].3版.北京:中国建筑工业出版社,1998.
[30] 赵振兴,何建京.水力学[M].北京:清华大学出版社,2005.
[31] 黄文熙.土的工程性质[M].北京:中国水利电力出版社,1983.
[32] C R 斯科特.土力学及地基工程[M].钱家欢,等,译.北京:中国水利电力出版社,1983.